▶一九四三年穿著新製大元帥服的昭和天皇

近代中日關係研究 第一輯 2

昭和天皇回憶錄

寺崎英成編
陳鵬仁譯著

LITERARY TIMES
蘭臺出版社

▲張作霖在瀋陽接見日本本庄繁中將（右二）及貴志中將（左三）合影。

▲一九四〇年三月汪精衛在日本軍庇護下任偽政府主席。

▲一二八事變 當時的日軍司令官白川義則（小照片）於四月二十九日昭和天皇生日典禮上被炸，至五月二十六日去逝。

▲一九二八年六月四日張作霖被炸死於皇姑屯。

▼陸軍大臣南次郎

▼陸軍大臣荒木貞夫

▼參謀總長閑院宮

歷屆首相

若槻禮次郎
田中義一

濱口雄幸
犬養毅

▲東條內閣閣僚

歷屆首相

▲林銑十郎

▲廣田弘毅

▲岡田啟介

▲齋藤實

▶曾任海軍軍令部總長的伏見宮

▼右（左起）近衛公、松岡（外相）、吉田（海相）東條（陸相）在第二次近衛內閣組成前會談。

▼曾任海軍大臣的安保（右）及大角（左）

▼平沼騏一郎

▼近衛文磨

▲阿南惟幾陸相

▲一九四〇年當時少將田中隆吉

▲內大臣牧野伸顯

▲鈴木內閣閣僚

◀重光葵外相

◀東鄉茂德外相

歷屆首相

▲東條英機

▲米內光政

▲阿部信行

▲幣原喜重郎

▲鈴木貫太郎

▲小磯國昭

▲一九三八年的一次御前會議。

▲在松岡外相官邸慶賀簽訂日德義三國同盟。

▶一九四一年十二月八日
日本偷襲美國珍珠港。

◀有末精三 日本戰敗時的參謀本部
第二部長（陸軍中將）。

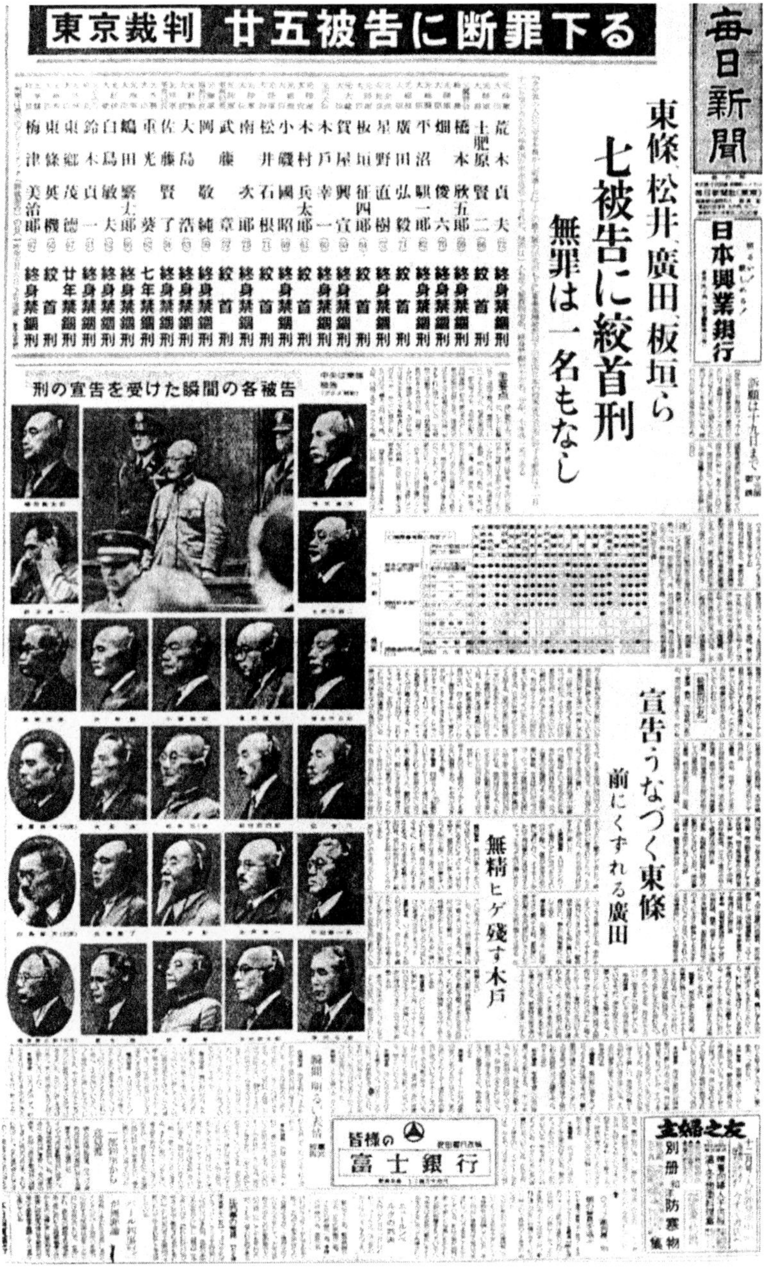

毎日新聞

東京裁判 廿五被告に断罪下る

東條、松井、廣田、板垣ら 七被告に絞首刑 無罪は一名もなし

被告	刑
荒木貞夫	終身禁錮刑
土肥原賢二	絞首刑
橋本欣五郎	終身禁錮刑
畑俊六	終身禁錮刑
平沼騏一郎	終身禁錮刑
廣田弘毅	絞首刑
星野直樹	終身禁錮刑
板垣征四郎	絞首刑
賀屋興宣	終身禁錮刑
木戸幸一	終身禁錮刑
木村兵太郎	絞首刑
小磯國昭	終身禁錮刑
松井石根	絞首刑
南次郎	終身禁錮刑
武藤章	絞首刑
岡敬純	終身禁錮刑
大島浩	終身禁錮刑
佐藤賢了	終身禁錮刑
重光葵	七年禁錮刑
嶋田繁太郎	終身禁錮刑
白鳥敏夫	終身禁錮刑
鈴木貞一	終身禁錮刑
東郷茂德	廿年禁錮刑
東條英機	絞首刑
梅津美治郎	終身禁錮刑

刑の宣告を受けた瞬間の各被告

宣告うなづく東條 前にくずれる廣田

無精ヒゲ殘す木戸

▶遠東國際軍事法庭判決（一九四八年十一月十三日「毎日新聞」）。

▲一九四五年九月二十七日昭和天皇首次訪麥帥合影。

▲遠東國際軍事法庭東條被審判情形。

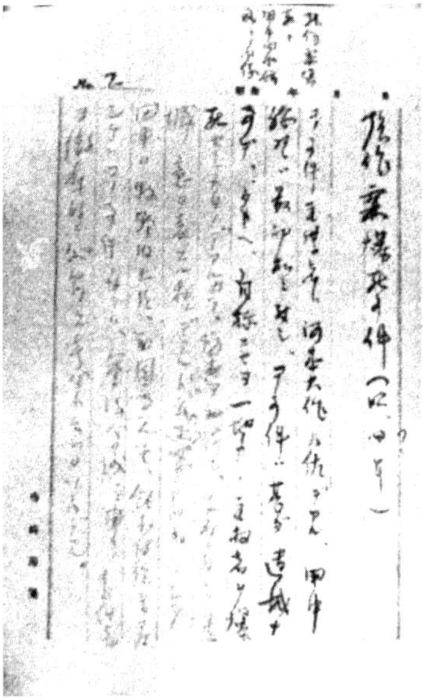

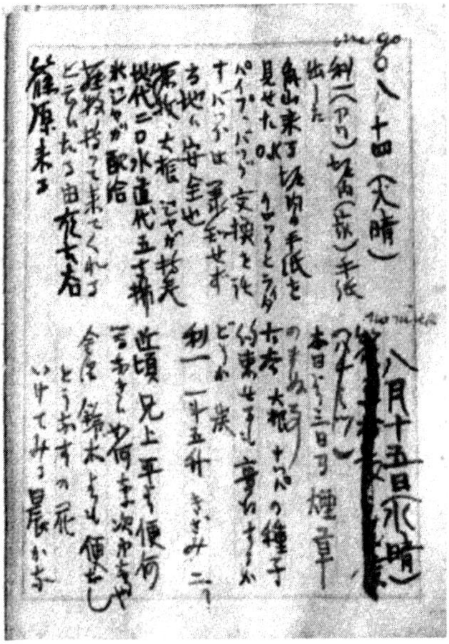

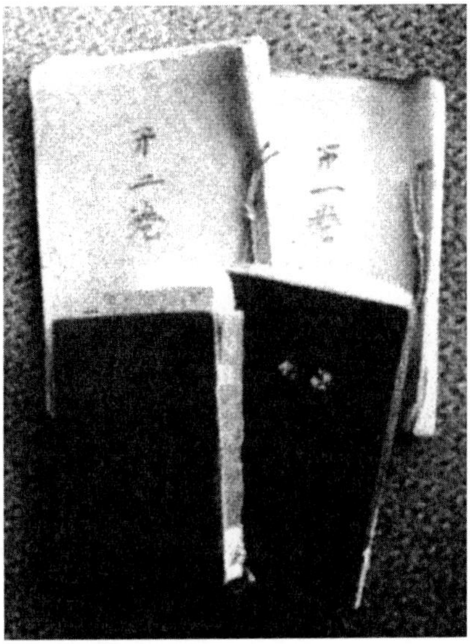
第二巻
第一巻

關於「昭和天皇回憶錄」的發現與其公開

彌勒·瑪利子

「昭和天皇回憶錄」是一九五一年八月二十一日去逝的家父，寺崎英成所遺留的下文書的一部分。

當美日開戰時為日本駐美大使館一等書記官（秘書）的父親，五十歲就去逝，我認為乃由於過勞所導致。他在野村（吉三郎）駐美大使之下，為避免美日戰爭盡了最大的努力，當時的過勞搞壞了父親的健康。父親的死因為腦溢血。

美日開戰後沒多久，父親、母親（美國人，名叫阮）和我全家人，以交換船被遣送回到日本。無須說，在日本的戰時生活，對身為「敵國人」的母親，是非常難堪的。

戰後，父親服務於終戰聯絡中央事務局，從事於日本政府與盟軍總部之間的聯絡工作；一九四六年二月，被任命為宮內省御用掛（官名—譯者），擔任昭和天皇的英文口譯和就盟軍總部的有關事宜提出建議的工作。事實上，父親曾經幾次為昭和天皇和麥克阿瑟元帥的會談，作過口譯。

父親保管著這樣珍貴的記錄，我們一直不知道。一九八五年，母親和我訪問了日本（我們於一九四九年八月到美國，是因為病在床上的父親的勸告，主要是為了我的教育）。訪問日本的目的是掃父親的墓，和為母親所寫的自傳「架於太陽的橋」一書的出版。那時，父親的弟弟平（已故，前國立立川醫院院長）將父親的遺物交給我們，而昭和天皇回憶錄便是其中一的部分。

我們母女雖然把父親遺留下來的文書帶回了母親的故鄉田納西州詹森市，我們卻沒有想到要把它翻成英文來看看，而用包袱巾把它包起來堆到儲藏室裡頭。我們得知其記錄的內容，是最近的事情。

兩年前的聖誕節，住在洛杉機的兒子柯爾，回到我們所住懷俄明州加斯巴的家（自一九五九年以來我們即住在這裡），並為病臥床上的母親阮開始整理其舊信件。其中包括我外祖母寫給棲身日本的母親的信，以及我們母女離開日本後父親寫給我們的書信等等，分量相當不少。柯爾選出這些英文信件念給衰老而一直躺在床上的母親阮聽，母親高興極了。

但柯爾和我都不懂得日文，因此，父親遺留下來文書的「解讀」，遲遲不進。去年聖誕節又回到家的柯爾，對於其外祖父寺崎英成的生平特別發生興趣，因而著手摸索探求日文文書內容的方法。柯爾偶然把昭和天皇回憶錄（記錄欄外印著「寺崎用箋」特別訂製的信紙一百七十頁。大部分用鉛筆寫的，一小部係以毛筆撰寫。紙張已經變成黃顏色，且處處有些污點。分成一部、二部，用細繩綴起來）的一部分交給其認識的大學教授看，這位教授又把它寄給他住在東京的熟人，一位研究日本現代史的權威。

今年春天，終於來了消息，說「這是稀有的歷史資料」。我於是立刻與所信賴的日本朋友聯絡，請其詳細研究這個文書的內容，而隨得知其內容，我一方面驚愕，一方面深感這個記錄的公共性（社會性），我們不可以獨佔此項記錄。

其內容是，為父親所最尊敬，並對我父母很好的昭和天皇對有關昭和史重大局面的回憶。對其局面，過去雖然已經有人談得很多，但據說，昭和天皇所談的內容，從未公開過。我認為這項記錄，是為反省生活於驚天動地的昭和時代，並將迎接平成時代之日本的日本人應該公開的事實。同時我想到父親為什麼為我們留下這個紀錄，我確信父親也希望有一天，能夠使昭和天皇所說這個紀錄的內容，讓所有的日本人都知道。

在昭和這個大半動亂的時代，昭和天皇與寺崎英成，以「神」和「神的臣下」各走了各的道路。日本的戰敗，雖然只是一個短的時期，但卻把他倆連結在一起。父親曾說昭和天皇是「被擒於護城河那邊的人」。我從小就很清楚：父親非常敬愛昭和天皇，昭和天皇也極其同情討好美國太太、為避免美日開戰而鞠躬盡瘁的父親，並時或關心我們一家人的事。我深信：父親寺崎英成一定很想把這個流露昭和天皇的人性和苦悶的紀錄傳給大眾。

本（十一）月十二日（平成天皇）的登基大典，是象徵「昭和」實質上之結束地歷史重要的轉變期，明年是日本攻擊珍珠港五十周年。在這個時候公開這個紀錄，以及父親所留下日記的一部分，我深覺得有特別的因緣。

我非常感謝由能夠信賴的出版社（文藝春秋社——譯者）公開這個紀錄，同時覺得卸下我很重的擔子。

一九九〇年秋季　於懷俄明州加斯巴

（譯者一九九〇年十二月號文藝春秋）

目次

昭和天皇的八小時獨白

陳鵬仁

日本新的日皇（平成）於民國七十九年十一月十二日正式登基，昭和時代由此結束。日本最大的雜誌「文藝春秋」十二月號刊出「昭和天皇的獨白八小時」一文，這是昭和時代最重要的史料。這個「獨白」與世界尤其與中國關係最深。我想將其與中國有關部分以及二次大戰關鍵部分介紹於後，以供國人參考。

這個「獨白」係由昭和天皇的親信之一的寺崎英成所記錄，這是首次公開，雖然有自我辯護的味道，但有許多事實為人們所不知道的。又，這個「獨白」談於一九四六年三月和四月。

一九三七年

昭和想與蔣委員長妥協

一九二八年，關東軍參謀河本大作上校炸死張作霖，首相田中義一對昭和天皇（以下簡稱昭和）報告說將處罰河本，並對中國表示歉意。可是閣講時因鐵道大臣小川平吉反對而沒有結論。田中於是向昭和報告擬將此事隱蔽起來。昭和說，你說話前後矛盾，最好提出辭呈，田中內閣因而垮台。據說，如果舉行軍事裁判，河本將把日本的陰謀（謀略）全部暴露出來，所以遂取消了軍事裁判。但自此事件以後，昭和決心對內閣的上奏，即使反對，也要予以核可。譬如李頓調查團報告，昭和是準備全盤接受的，但元老西園寺公望以內閣會議決定要予以拒絕，最好不要反對，因此昭和終於同意閣議的決定。

昭和說，一九三二年上海之戰鬥地區沒有再擴大是白川（義則）上將的功勞。其所以能夠於三月三日停戰，不是依奉勅命令，而是昭和命令白川不得擴大事件。為此事閑院宮參謀總長很責備白川，故白川去逝（在上海被韓國人尹奉吉丟炸彈，傷重死亡）後，昭和曾贈白川未亡人贊揚白川之和歌。

主張對中國一面威嚇一面提和平

中日關係正處於一觸即發的情況之際，昭和想與蔣委員長妥協，把陸軍大臣杉山元和參謀總長閑院宮找來聽取其意見。昭和深怕在天津、北京發生事件，而與英美衝突。參謀總長和陸軍大臣都認為予天津以一擊，事件一個月內可以解決。昭和得知軍部的意見與其相左，故沒有把想與蔣氏妥協的意見提出來。不久發生盧溝橋事變。昭和認為這不是中國方面所發動。

當時在上海的日本陸軍兵力單薄。因怕蘇聯，所以不願意把兵力撥到上海。據湯淺（倉平）內大臣的說法，石原（莞爾）說陸軍只派二個師團到上海，是因為政府不同意，其實反對的是石原其本人。昭和以為上海只有二個師團兵力，一定慘遭中國軍之圍攻，因而極力督促增加兵力，但石原還是怕蘇聯而不肯增兵。昭和主張對中國一面威嚇一面提出和平，參謀本部贊成，陸軍省（部）反對。

南京淪陷以後，德國駐華大使陶特曼仲介的和平工作，昭和說，據幣原（喜重郎）的說法，此時的日本方案似被蔣夫人束諸高閣，蔣氏似未看到。幣原何所據而云然，實有待查證。因畑（俊六）軍司令官氣勢很盛，日軍遂攻擊漢口。昭和說，如此這般，他三次失去與蔣氏妥協的機會。

由此，當時的首相近衛文麿欲不擴大中日事變的方針，其實行日趨困難，近衛為壓陸軍內部的強硬論者，起用了第五師團長板垣征四郎為陸軍大臣。可是事實上板垣卻完全成為「傀儡」，陸軍省的態度因而愈來愈強硬，中日事變遂陷入泥沼之中。

面對中日事變之處理毫無希望的日本國內輿論，日漸產生厭倦之情，為轉變日本國內民心，陸軍決定與德國和義大利簽訂三國同盟，擬把日本國民的敵愾心轉向英美，並把中日事變擺下來。

為簽訂日德義三國同盟事，昭和與其胞弟秩父宮吵架鬧翻。昭和還特別叮嚀，吵架事絕不能說出去。當時，秩父宮一星期去找昭和三次左右，慫恿昭和要締結三國同盟。為此事，昭和也曾與陸軍大臣衝突。但該項同盟於一九四〇年九月成立。

昭和認為，日本之所以戰敗乃由於以下四個原因：

一、兵法的研究不夠，即沒有能夠體會孫子兵法之知己知彼，百戰百勝的道理。

二、太重視精神，輕視科學的力量（物質）。

三、陸海軍之不一致，亦即其各行其是。

四、沒有擁有常識的首腦。缺乏以往有如山縣有朋、大山巖、山本權兵衛般的大人物，欠缺政戰兩略的人才，而且軍的首腦大多專家，沒有統率部下的力量，因而造成所謂下剋上之情況。

昭和以為日本陸海軍有：如以武力予以威嚇，對方一定會退縮的毛病，滿洲問題如此，插足越南亦復如是。

談到繆斌問題

最後與中國直接有關係的，昭和談到繆斌問題。昭和認為：小磯（國昭）首相不應該與來路不明的繆斌談中日和平的問題。昭和說，重光葵以前就認識繆斌。繆斌開始與汪精衛同其行動，後來拋棄汪，是個不講信義的人物。當時日本正處於危機，急不暇擇，但身為一國之首相者，竟欲借如繆斌者流之力量來謀求中日全面和平，實在太沒有見識。

繆斌是搭乘陸軍之飛機來日的，杉山（元）陸軍大臣為何答應，昭和說他實不得其解。繆斌之來日，是受朝日新聞社的田村（真作）之勸，由緒方竹虎策動的。（生前，王新衡先生曾經告訴我，繆斌是他自己作主派往日本的）。

昭和說，繆斌並沒有攜帶蔣介石之親筆函。對重慶之工作已完全授權汪政權，故日本直接來從事是背信行為。何況對於沒有攜帶親筆函的一個人，一國的首相對其行謀略，即使成功也將喪失國際信義，如果失敗更將成為笑柄。因此昭和要小磯首相結束談和，小磯終於照辦。

一九四五年八月九日，日本分別召開了內閣會議和最高戰爭指導會議。這兩個會議討論了有關接受「波茨坦宣言」的問題。海軍省與外務省同其解釋；陸軍省、參謀本部和（海軍）軍令部的意見與前者不同。

即使被割地，連強硬論者也都不是很介意，他們介意的是維護國體、處罰戰犯、解除武裝和保障佔領（以間接強制對方國家履行一定條件為目的的佔領）這四個問題。軍人尤其在乎處罰戰犯和解除武裝。最高戰爭指導會議開到隔天上午二時，還是得不出結論。於是鈴木（貫太郎）首相請昭和天皇裁決。

贊成無條件接受「波茨坦宣言」

出席者除鈴木首相外，有平沼（騏一郎）樞密院議長、米內（光政）海相、阿南（惟幾）陸相、東鄉（茂德）外相、梅津（美治郎）參謀總長和豐田（副武）軍令部總長，阿南、豐田和梅津主張不行保障佔領、解除武裝和處罰戰犯，鈴林、平沼、米內、東鄉認為沒有討論這些問題的時間。最後昭和日皇裁決贊成外相的方案，即無條件接受「波茨坦宣言」。

八月十四日，陸軍省荒尾（興功）軍事課長強硬要求近衛師團長森赳發出偽命令，因不答應被殺，而由近衛師團水谷（一生）參謀長和荒尾聯盟發出偽命令，擬奪取昭和所錄音之接受「波茨坦宣言」的詔書。後因為東區軍司令田中靜壹出面才獲得解決。

昭和天皇認為，陸海軍兵力都那麼脆弱的戰爭末期，對無條件投降還想發動政變，在內閣決議要對英美開戰時，如果沒有昭和予以阻止，日本國內必定發生內亂，其重臣、親信，連昭和本身的生命都不能保，日本必將滅亡這種昭和的說法，是可信的。昭和天皇的「獨白」，對其內閣的組成成立過程，政治、軍事人物都有相當清楚的交待，譬如他說，松岡洋右可能被希特勒收買，是很耐人尋味的。

（原載民國七十九年十一月廿六日「中央日報」）

昭和天皇回憶錄

昭和天皇

昭和天皇的獨白，到目前為止，是昭和天皇所遺留下來的唯一史料。這個獨白，是他自動口述的，所以非常率直，沒有任何修飾，因而更是可貴。由於是口述，因此有些地方詞不太達意，但為忠於原文，我沒有予以更動。文中人名大多只講姓，故初次出現時，我都以括弧附以名字，以便識別。

在日皇獨白的後面，挾一些昭和史研究專家半藤一利氏的說明，這時對時代背景的註釋，有助於讀者作全盤的瞭解。

又，昭和天皇的獨白以及半藤氏的註解，全文刊登於一九九〇年十一月十日所出版的十二月號日本雜誌「文藝春秋」。—譯者。

第一卷

本篇於一九四六年
三月十八日（星期一）上午十時十五分至下午零時四十五分
三月二十日（星期三）下午三時至五時十分
三月廿二日（星期五）下午二時廿分至三時卅分
四月八日（星期一）下午四時卅分至六時，晚上八時至九時

一共五次，前後八小時多，就太平洋戰爭的遠因、近因、經過及其戰爭結束情況等等，昭和天皇憑其記憶，對松平（慶民）宮內大臣、木下（道雄）侍從次長（藤田侍從長因病閉居中）、松平（康昌）秩寮總裁、稻田（周一）內記部長及寺崎（英長）御用掛五個人所談的記錄。昭和天皇並沒有攜帶任何「備忘錄」。

前三次，因為天皇感冒，在御文庫閉居時，特地將床搬到政務室在床上談，後二次，係在葉山的別墅休養時，由我們五個人前往聆聽的。

這個記憶，大體上係由稻田撰寫，不清楚的地方，則由木下隨時請示和修改。

一九四六年六月一日
完成本篇

近衛（文麿）公爵日記及迫水久常之手記，為讀本篇所需，故一併附上。

太平洋戰爭的遠因

其原因，潛在於第一次世界大戰後和平條約的內容。日本所主張種族平等案不為列國所接受，黃白的差別感覺仍然存在，譬如拒絕移民加洲，便使日本國民非常氣憤。又被迫將青島還給中國亦然。

以這種國民的氣憤為後盾，軍一旦開始行動，便很難予以抑制。

炸死張作霖（一九二八年）

這個事件的主謀者是河本大作上校。起初田中（義一）首相對我說，這個事件非常遺憾，炸死了即使是自稱為一個地方的主權者，故要處罰河本，並準備向中國表示歉意。據說，田中曾經對牧野（伸顯）內大臣、西園寺（公望）元老、鈴木（貫太郎）侍從長說，對於這個事件他將召開軍事法庭，徹底處罰負責人。

可是田中將處罰問題提到內閣會議時，據說主要是鐵道大臣小川吉平的主張，認為處罰對日本的立場不好，因此內閣會議遂不了了之。

爾後田中又來看我，並報告說將擬將這個問題隱藏起來。由於這個說法與上一次所說的話差得很遠，所以我對田中以很重的語氣說，這與上次的話有違，提出辭職如何？

現在回想起來，我這樣說，是因為我血氣方剛，總之我是這樣說的。因而田中提出辭呈，田中內閣遂垮台。據說，如果舉行軍事裁判，河本說要全部暴露日本的謀略（陰謀），因此取消了軍事裁判。

田中內閣因為上述的原因而掛冠，但田中卻有其同情者。久原房之助等則創造重臣「砍頭」、皇宮的陰謀等名詞，到處說田中內閣之倒台是重臣和皇宮的陰謀。

這樣造出來的重臣「砍頭」、皇宮的陰謀等等厭惡的名詞，以及把它當做真的因此而懷恨的氣氛所造成的種種，曾予日後以很大的災禍。而二・二六事件（一九三六年二月二十六日的兵變－譯者）就相當受它的影響。

自發生此事件（田中事件）以後，凡是內閣上的業務，我即使具有反對的意見，我決心予以核可。

一九二六年夏天，蔣介石就任國民革命軍總司令，為統一中國而成立北伐軍。深怕這個勢力波及滿洲的日本陸軍，遂計劃打倒大軍閥的頭目張作霖，俾由日本來控制滿洲。這就是一九二八年六月之所謂「滿洲某重大事件」的炸死張作霖事件（關於其種種，請參考拙譯「張作霖與日本」一書，此書由水牛出版社出版—譯者）。所以我們可以說，昭和天皇的時代始於謀略。

以往的記錄，譬如「岡田啟介回憶錄」則說：「據說『（你說的）與上次的話有矛盾。』於是田中惶恐說『關於此事，想做說明』，很生氣的天皇便說：『不必聽說明了』而進去。」但在這裡，我們知道新的事實：昭和天皇直接說「提出辭職如何？」因此田中義一惶恐而提出總辭職。

又河本上校說，如果要付諸軍事裁判，將「全部暴露謀略」這種可怕的威脅，也是首次公開的事實。

被西園寺勸誡「不要直接表明自己意見」的昭和天皇，日後對鈴木侍從長追述：「那時我血氣方剛……」（當時為二十七歲），而自此以後，昭和天皇逐漸成為對於政府和軍部所作的決定不說「不可以」的「保持沈默的天皇」。

譬如對於「李頓」報告書（一九三二年，九一八事變時國際聯盟調查團所寫的報告書），我想原封不動地接受而與牧野、西園寺商量，牧野贊成，但西園寺卻以內閣會議既然決定要拒絕，自不好反對，因而我遂沒有貫徹我的主張。

對於田中說提出辭職如何，並不是我予以「否決」，而是對他的勸告，所以從此以還，對於內閣會議的決定，我只說意見，不說「否決」的話。

李頓報告書的主要內容為：九一八事變是日本的侵略，但承認日本在滿洲的權益，同時勸告中日之間簽訂新條約以求妥協。昭和天皇準備全盤接受它，這是很值得注目的一件事。又，「否決」是veto，是君主之否決或者拒絕的意思。

倫敦會議　帷幄上奏問題（一九二九年）

濱口（雄幸）內閣時候的有一天，加藤（寬治）軍令部（等於海軍的參謀總長—譯者），請求晉閱上奏，鈴木侍從長與住山（德太郎）侍從武官商量結果，以皇宮的關係，請其延一天，加藤同意了。於是濱口來向我報告，並無所謂阻止帷幄上奏，和干犯大權。

當時，海軍大臣財部（彪）還沒有從倫敦回國，而加藤的上奏內容與政府的意見大致上一致，極為穩健。

加藤之提出辭呈，是財部回國以後的事，其來龍去脈是這樣的。當時的軍令部次長末次（信正），以宮內省御用掛（宮內省的官銜—譯者）身分，正在給我講軍事學，進講時，他對我陳述軍令部對倫敦會議的意見。這是對裁軍非常強硬的反對意見，與加藤軍令部長的上奏內容不同的。事後，末次大概告訴了加藤這件事，加藤遂以軍令部的意見不料達天聽等等字眼把辭呈直接拿來給我。末次的這個行為，既是混淆皇宮與府中的豈有此理的行為，而加藤之不經海軍大臣之手提出辭呈也是不對的。我把辭呈交給財部，財部非常吃驚，並說請把它當做沒有提出辭呈。

當時海軍省與軍令部的意見不一致，財部應該斷然更換軍令部長才對，惟因他優柔寡斷，而成為糾紛的原因。

加藤軍令部長的上奏事件發生於一九三〇年四月一日。當天下午，濱口首相預定向昭和天皇上奏應妥協條約的訓令案。可是當天上午，加藤以悲壯的決心請求先於首晉見昭和天皇表示絕對反對的態度。此時鈴木侍從長以海軍之前輩的身分予以說服使其打消其念頭。加藤同意，並改於次日上奏。（日後發生干犯統帥權騷動時，遂非難這個事件為阻止上奏，干犯上奏權的暴舉，以攻擊侍從長）。

不過當時並沒有發生任何事，故決定於四月二十二日，簽訂倫敦裁軍條約。可是在其前一天，軍令部卻發出一份通牒，表示極力反對倫敦條約，由此產生二分海軍為海軍省系與軍令部系的干犯統帥權騷動。財部海相於五月二十日回國；六月十日，加藤上奏責問政府的上奏文，並直接向昭和天皇提出辭呈。這是以上天皇談話的背景。

上海事件（一九三二年）

在上海，能夠抑制戰鬥區域於那種程度，防止事件的擴大，乃是白川（義則）的功勞。它於三月三日停戰，但這不是因為接奉敕書命令，而是我特別命令白川不要擴大事件。

因此，白川受到（閑宮院）參謀總長的責難，但白川死後（白川在上海因被韓國人尹奉吉丟炸彈重傷而死亡——譯者），我特別贈一首歌給其未亡人，以嘉許白川上將的功勞。

參拜靖國神社，念白川上將於三月三日下午在上海發出停戰命令，避免了國際聯盟之衝突的功勞。

少女們陳列偶人之日停戰之功勞我懷念著這首歌，世人不知道，因為我令侍從武官對白川未亡人說，絕對不能對外發表。

松岡洋右知道這首歌的事，因而松岡於其外相時代，曾經請求我對南京的本多熊太郎（曾任汪偽政權下的「駐華大使」——譯者），給予意味抑制軍部的話，惟本戶（幸一）以本多嘴太多，建議最好不要給，故遂作罷。

天皇機關說與天皇現神說（一九三五年）

齋藤（實）內閣時，天皇機關說成為社會的問題。我曾經對本庄（繁）武官長說，把國家比作人體，天皇是腦髓，以器官兩個字來代替機關，則對我國體毫無影響，並令他轉告真崎（甚三郎，教育總監）。據說，真崎說他明白了。

至於現神（應為現人神，即活神之意—譯者）的問題，忘記是本庄還是宇佐美（興屋），說我是神。對此我說，我具有與普通人的身體同樣的結構，所以我不是神。你們這樣說，使我為難。

軍部和右翼，以美濃部達吉的學說：「天皇為國家最高的機關」違反日本的國體，應該徹底予以消除，而猛烈攻擊是一九三五年初，岡田啟介內閣時候的事情。以為是齋藤實內閣當時應該是昭和天皇的記憶錯誤。昭和天皇之贊成機關說是許多人知道的，但說曾經透過本庄武官轉告皇道派的首領真崎教育總監以天皇的想法是新的事實。而真崎之回答說「我明白了」也很有意思。

二二六事件

關於對於叛軍發出討伐命令，我想起町田忠治。當時町田是大藏大臣（財政部長—譯者），他擔心金融的不良影響，並忠告我如果不採取斷然措施將發生經濟恐慌，因而我下了強硬的討伐命令。

討伐命令，與戒嚴令有關聯，故不能只以軍系統來下達，需要政府的諒解，惟因當時不知岡田（啟介首相）的去向，而陸軍省的態度又堅定，所以由我下達嚴命。

由於有過田中內閣的痛苦經驗，因此要決定事情時，我一定等輔佐者的進言，而且不作違反其進言的決定，惟此時與結束戰爭時這兩次，我積極實行了我的想法。

參謀本部的石原莞爾，也透過町尻（量基）武官建議下達討伐命令，不過石原究竟是怎樣的一個人，我無法瞭解，他雖然是九一八事變的禍首，不過此時他的態度是對的。

又，本庄武官長拿來了山下奉文的案。他的建議是，叛軍的三個首領要自殺，故請派使者去驗屍。但派使者驗屍，我認為包括承認其行為是合乎道理，而且有禮遇他們的意思。

赤穗義士（一七〇一年，為其主人報仇成功後自殺的四十七義士—譯者）自殺時，派使者去驗屍是可以理解的，但對於叛變者不能派人去驗屍，所以我沒有採納其建議，並下達了討伐命令。

至於軍事參議官的諸位上將去勸告歸順一事，我沒有接到任何報告。斷定其為叛軍，擔心經濟而命令鎮壓的昭和天皇，而其對石原莞爾評論說「雖然是九一八事變的禍首」，實在不禁令人苦笑。

中日事變與三國同盟（一九三七年）

一九三七年初夏，中日兩國在華北的對立愈來愈尖銳化，宋子文控制下的穩警團包圍了天津。

這個軍隊雖然叫穩警團，實際上是擁有新式武器的宋家精明幹練私兵。

由於中日關係處於一觸即發的情況，因此我很想與蔣介石妥協，而把杉山（元）陸軍大臣和閑院宮參謀總長找來。

此時，在北滿國界正發生乾岔子島事件，所以人們以為是為此事而召見他們，其實是為了要聽取他們對中國的意見。

如果陸軍的意見與我一樣，我準備告訴近衛（文麿），要其與蔣介石妥協。因為滿洲算是鄉下，發生事件沒有太大關係，但在天津、北京發生事件，英美一定出來干涉，日本有與其發生衝突之虞。

當時的參謀本部，事實上石原莞爾在發號施令。參謀總長和陸軍大臣認為，祇要在天津予以一擊，一個月之內可以解決事件。由此我知道其意見與我相左，我便沒有說出擬與蔣介石妥協之事。

在這個危機之際，竟發生了盧溝橋事變。我不認為這是中國方面的挑釁，而是由不足道的爭執而發生的。

日漸敵視蔣介石之國民政府的日本軍部，及至一九三七年，其在中國大陸的行動更加積極。從四月到五月所發生的幾個事件，曾予陸軍以最好不過的口實。其中一個就是昭和天皇所說的天津事件，這起因於五月廿五日，親日派的報社社長（指胡恩薄與白逾桓而言─譯者）之被暗殺。這是中國駐屯軍的第一次政治行動。這時，天皇已經召見陸相和參謀總長，擬與蔣介石妥協，這是新的事實。

對於「盧溝橋的一槍」，說「我不認為這是中國方面的挑釁」，應作何解釋呢？是認為既不是日軍的策劃，也不是中國軍的挑釁，而是偶然發生的？對於中日戰爭的爆發，昭和天皇只這樣說，是不是有更難言的部分？

不久，這個事件波及上海。近衛（首相）主張不擴大方針，我則認為既然波及上海，要防止其擴大是很困難的。

當時，在上海的日本陸軍兵力並不多。因為怕蘇聯而不願意把兵力多用於上海。根據湯淺（倉平）內大臣的說法，石原說當初陸軍只派兩個師團到上海，乃因為受到政府的阻止，其實阻止的是石原其本人。兩個師團的兵力，在上海一定會遭遇到很悲慘的命運，故我拼命督促要增加兵力，但石原還是懼怕蘇聯而不肯這樣做。

我主張對中國予以威脅同時提出和平論，參謀本部贊成我的意見，但陸軍省卻反對。反對的可能是陸軍省軍務局。因而又失去了妥協的機會。

攻下南京以後，德國大臣使從事仲介的和平工作，據幣原（喜重郎前外相）說，這時的日本案似為宋美齡東諸高閣，沒有到蔣介石手裡。加以畑（俊六）軍司令官很氣勢，因此又失掉妥協的機會，日軍進而攻擊漢口。

德國駐華大使陶德曼（亦作托勞特曼—譯者）所仲介的中日和平工作，於一九三七年十二月有很大的進展。七日，蔣介石告訴陶德曼：願以日方的和平條件為基礎舉行中日會談。由廣田弘毅外相得知這個消息的昭和天皇很高興地說「那太好了」。可是，此時參謀本部已經根據畑軍司令官很強烈的呈報意見下達了攻擊南京的命令。這真是歷史的轉捩點。成功攻下南京的日本政府，對中國又加重和平條件，因此陶德曼的和平工作遂雲消霧散。（關於其來龍去脈，請參閱拙譯「石射豬太郎回憶錄」，此書由水牛出版社出版—譯者）。

以上述的歷史事實為背景，說「為宋美齡束諸高閣」的驚天動地的「新事實」，究竟指的是那一個和平條件？文，當時不在負政治責任之地位的幣原，到底從那裡得來這個情報？謎愈來愈深。

因此，近衛的不擴大方針，以其前途的預料，便愈來愈困難，於是為抑制陸軍內部的強硬論者，近衛起用了第五師團長的板垣（征四郎）為陸軍大臣。

近衛以為，板垣來了以後，和平論在陸軍內部會佔優勢，但事實上情況完全相反，板垣不但成為軍的「傀儡」，而且陸軍省的態度反而日趨強硬，中日事變也就陷於進退維谷的泥沼之中。

如此這般，關於處理中日事變之前途的預測，完全無法逆料，而國內輿論也逐漸有厭倦的先兆。為轉變國內人心，陸軍內部遂有締結日、德、義三國同盟，將國民的敵愾心轉向英美，以不了了之中國方面之情況的意向（氣氛）。

近衛和平沼（騏一郎）的內心是，三國同盟的對象頗為蘇聯，但陸軍省軍務局卻以其為包括蘇聯和英美。第一次近衛內閣的外相宇垣（一成），為配合陸軍的調子，而說「其主要對象是蘇聯」。由於宇垣對於從德國回國聯絡的笠間（笠原幸雄？）武官這樣說，笠間返任所後也對大島（浩駐德大使）和白鳥（敏夫駐義大利大使）這樣轉告。因此在外使領館也就對英美開始採取敵對的行動。

外務大臣宇垣一成具有一種怪癖。他知道我非常討厭模稜兩可的話，所以對我說話時就很清楚，但對旁的人則說「聽而記在心裡」。聽而記在心裡本來沒有什麼錯，但聽者有時候會把它當做「同意」了。據說宇垣與三國同盟有關係，可能由於這種模稜兩可的說法所導致。因此我認為這種人不能讓他當總理大臣。

因為這種模稜兩可的說法，曾經引起錯誤的事件，那就是一九三八年七月發生的張鼓峯事件。

宇垣來報告蘇滿國境之張鼓峯的事，並說陸軍有偷襲張鼓峯的計劃，但內閣反對。可是隔日（？）閑院宮參謀總長來報告說將對張鼓峯實施偷襲。

爾後板垣陸軍大臣來報告說，宇垣外務大臣贊成偷襲張鼓峯。亦即宇垣對我明明白白說反對，但對板垣卻說可以解釋其為贊成的「聽而記在心裡」，因此板垣擬把它解釋為贊成至少沒有異議。

偷襲張鼓峯因而沒有實施，爾後，因為蘇聯打過來故才交戰。

不能讓宇垣出任首相之昭和天皇的這種說法，意義極其深長。一九三七年，宇垣內閣之流產，應該與昭和天皇的想法大有關係。

一九三八年七月十一日，在朝鮮最北端的張鼓峯俄日兩國軍隊發生衝突時，天皇下達了明確的統帥命令。

「原來，陸軍的做法真是豈有此理。九一八事變的柳條湖時，以及此次事件之最初的盧溝橋的做法，完全不聽中央的命令，而由現地獨斷，而且常常使用作為朕之軍隊所不應當有的卑鄙行為。這真太豈有此理。這次不能再有這種事情……。今後除非有朕之命令，一兵都不許動。」（「西園寺公與政局」）

另外，這些話不要傳出去，對於三國同盟，我曾經與秩父宮（昭和天皇的胞弟—譯者）爭吵。那時秩父宮一個星期來看我三次左右，並慫恿我締結三國同盟。因此我終於正告他就這個問題我不作答。

又，就這個問題，我也與陸軍大臣衝突。我命令板垣撤回同盟論，但他卻說要提出辭呈，如果他辭職，陸軍愈不能統制，故只作罷。

當時最支持我的，以前（即第一次近衛內閣）有米內（光田海相）、池田（成彬藏相）二人，後來（平沼內閣）有有田（八郎外相）、石渡（莊太郎藏相）和米內（海相）三個人。

平沼似乎贊成三國同盟。又，宇垣對於推荐白鳥、大島兩大使有關係。

關於秩父宮與昭和天皇的爭執，以九一八事變以後騷然的國內情勢為背景，以憲法為中心而發生，這在「西園寺公與政局」也有記載。秩父宮建議停止憲法，實施「親政」，天皇以其破壞傳統，強硬反對。一九四四年左右，就日德義三國同盟爭論乃是新公開的事實。

至於與板垣陸相的衝突，應該是指就德、義與第三國交戰時日本是否要參戰這個三國同盟的最重要問題，昭和天皇面斥板垣的事實而言。昭和天皇說：「駐外的兩大使（大島、白鳥）獨斷表示參戰之意，不是侵犯天皇的大權嗎？此時，（陸相）採取有如支持他們的態度實在太不應該。也不應該在每次內閣會議說這些超出常軌的話」。（「西園寺公與政局」）

諾門沆事件（一九三九年）

由於諾門沆方面的蘇聯國境不是很清楚，所以雙方都可以指責對方之不法侵入。當時我曾命令關東軍司令官山田乙三（應該是植田謙吉—譯者）要嚴守滿洲國境，因此關東軍與入侵之蘇軍交戰是有道理的。同時從日滿共同防衛協定的立場，滿洲國軍之參加戰鬥也是正當的。

鑒於這個事件，以後我變更命令，國境不清楚的地方以及僻遠地方的國境，不必嚴守。

阿部內閣（一九三九年）

成立阿部（信行）內閣時，最大的問題是軍部大臣的選擇。當時報紙就陸相的可能人選報導說，磯谷（廉介）中將以外一人。如果是這兩個人，日德同盟有死灰復燃之虞，而且又需要趕走當時在政治上作種種策動的板垣系的有末（精三）軍務課長，因此我命令阿部以梅津（美治郎）或者侍從武官長的畑（俊六）為陸相。

阿部似因此問題曾經苦思焦慮，所以與板垣商量，惟因板垣反對梅津，故阿部起用畑為陸相。

有末在這中間策動，聯結阿部和遠藤（柳作內閣書記官長）的關係，又以風評不佳的伍堂（卓雄）為商工大臣，因為這種極其拙劣的人事，而引起種種問題，阿部終於不得不提出辭職。

關於天皇對於陸相的強硬意見：「無論如何要以梅津或者畑為大臣。即使陸軍的三長官（陸軍大臣、參謀總長和教育總監—譯者）作成決議拿到我這裡來，我也不會同意。又，政治要按照憲法來從事。外交應利用英美，這對日本有益處。尤其此時，我對內務（政）、司法、外交、大藏（財政）等閣員的選任，特別關心。」（「西園寺公與政局」一）

不啻是內閣的人事，連對於有末的策動天皇也都關心，真是令人吃驚。

現在，我想附帶就先前我任命畑為侍從武官長時的情形作個說明。

畑的前任宇佐美（興屋）侍從武官是個人格高尚的人，但他卻缺欠政治才能，而板垣也很重用他，可是還是推荐了畑為宇佐美的後任。由於我想任命反對日德同盟的人為武官長，故我要松平（恆雄）宮內大臣等試探畑，結果得知畑反對同盟，因此任命畑為武官長。由此也應該可以知道皇宮非常親英美。

平沼與日德同盟（一九三九年）

平沼內閣乃因為日德同盟關係的問題而垮台，而同盟問題的混亂情況完全為秘密，所以平沼是毫不知情地答應組閣的。因此他對此事似乎一直很不滿。據聞，他常常對湯淺內大臣發牢騷說他被近衛所出賣。

御前會議

所謂御前會議，是很奇怪的東西。除樞密院議長外，其出席者全部在內閣會議或者聯絡會議等求得意見之一致之後才出席，因此對於議案表示反對意見的只有樞密院長一個人，寡不敵眾，實無用武之地。

這個會議完全是形式上的，天皇沒有決定支配會議之氣氛的權限。

從昭和開始到爆發太平洋戰爭，一共召開了八次御前會議。第一次舉行於攻下南京後的一九三八年一月三十日。第二次為攻陷漢口後的十一月三十日。皆決定中日戰爭的基本方針。第三次是決定簽訂日德義三國同盟的一九四〇年九月十六日。十一月十三日舉行了第四次會議，由此中日戰爭進入採取持久戰方略。以後的四次皆集中於一九四一年。這說明日本對於決定與美國的戰爭如何地苦惱過。而在這八次的御前會議，除一九四一年九月六日外，昭和天皇在沈默之中批准了國策。

米內內閣與陸軍（一九四〇年）

米內是我推薦的。我與反對日德同盟的伏見宮商量米內組閣事，他沒有異議，故為了抑制日德同盟論，我任命米內為總理大臣。與授予米內敕令的同時，我請來畑，要求其協助米內。可是我的要求反而為禍，而招出陸軍的反對。

當時德國在歐洲的成功影響日本，因而日德同盟論者愈來愈多，在另一方面，近衛發起新體制運動，加以陸海軍之間的感情用事，米內和畑遂為陸軍所推翻。要之，陸軍不能諒解起初令畑援助，加上新體制運動和日德同盟論得勢，內閣遂為陸軍所壓倒。但我認為，米內和畑盡了最大的力量。

其實令米內內閣垮台的是，畑俊六陸相的提出辭職。對此，陸軍不肯推薦後任的陸相。軍部大臣既然要由現役者出任，自不能從旁的管道求得陸相，因此米內內閣只有總辭職。雖然如此，昭和天皇對畑的信任一如從前，而由此我們也可以窺悉昭和天皇之觀察人的一面。

三國同盟（一九四〇年）

以蘇聯為對手而構想的日德同盟論，因為蘇德互不侵犯條約的突然成立，與平沼內閣垮台的同時，也暫時消聲匿跡，迨至最近，德國勢力在歐洲的擴大，以及美日在東亞的爭霸與趨勢，在與從前完全不同的另外一個構想之下，又促使日德同盟論的抬頭。

同盟論的目的是，拉攏蘇聯，以日德義蘇的同盟來對抗英美，以提高日本對美國的主張，但從德國方面來說，是要牽制和防止美國對德國參戰。

說吉田善梧（海相）受松崗（洋右外相）之騙而贊成日德同盟論或許有語病，但還是被騙的。松岡認為即使簽訂日德同盟，美國也不會有所行動。松岡以為佔美國國民之一半的德國民族到時會站起來，而吉田相信了松岡的這種主張。

第二次近衛內閣的政策綱領實在大有問題，這是近衛、松岡、東條（英機）、吉田四個人，組閣時已經決定了的。

吉田代表海軍贊成同盟論，而內閣成立久，美國便開始著手軍備，這與內閣的預料相反，故吉田非常吃驚，由於太憂心而變成強度的神經衰弱，他曾經意圖自殺，因被阻止而未遂，後來提出辭職。

後任的及川（吉志郎）之贊成同盟論，是因為前任的吉田既然贊成，他自不能反對，在當時海軍省的氣氛中，恐怕祇得如此。近衛在其手記中，雖然責備著及川，但我覺得這是近衛之推卸責任。

昭和天皇所說「在與從前完全不同的另外一個構想之下」的三國同盟，實來自松岡洋右外相的構想。它認為，結合前一年所締結的德蘇互不侵犯條約和三國同盟，可以成為日德義蘇的四國協商，而這將大大地加強日本對支援著中國之美英的立場。以首相近衛為首，陸海軍的中央，都非常欣賞這個構想。

但昭和天皇是反對三國同盟的。因此對於米內、山本五十六、井上成美帶頭反對三國同盟的海軍寄予很大的希望。在此種意義上，昭和天皇對於海相吉田善悟的回憶具有重大的意義。由及川接替吉田海相時發表說，吉田「因為繁重的職務疲勞，不易恢復，同時幾天前更發作心絞痛」，但其實是「自殺未遂」。

在這個內閣，松岡留任外務大臣，而近衛、東條、松岡這三個人的搭擋，組閣時就決定了的。至於近衛的新體制運動，我沒有什麼記憶。

對於日德同盟，最後我雖然贊成了，但絕不是滿意的贊成。松岡相信美國不會參戰。我不能相信在美國的德裔國民如松岡所說，會起來為德國拚命。但我又不能以為松崗在撒謊，因而半信半疑地同意了。對於蘇聯的問題，我提醒近衛：要更進一步確認（求證）德蘇關係。

如果史達瑪沒有來日本，我相信把日德同盟的簽訂延後若干時間。三國同盟成立於一九四〇年九月，爾後於一九四一年十二月，美日開戰後簽訂的三國不單獨媾和保證，從結果來看始終貽害日本。

德國特使史達瑪九月七日來日本，內閣會議於九月十六日決定締結同盟。三國同盟之簽訂的確太快了。在這期間，昭和天皇屢次表示反對同盟。

保證不單獨媾和當時，政府對於美日戰爭的估計是，勝敗各一半一半，如果搞得好，日本能贏二分，但不是絕對有利，反此德國卻能徹底勝利。

出現這種情況時，日本如果被拋棄的話將很糟糕，故與德義約定不單獨媾和。事實上，開戰初期，反其所料，日本在珍珠港獲得奇勝，又比其所預測，在短期間內攻下來馬來亞和緬甸，故如果沒有這個約定，日本乘著有利地步的時機，能夠獲得和平的機會也說不定。

換句話說，日本對自己力量評估過低，對德國國力評價過高，致使與德國作了這樣的約定，在這一點，大島大使的責任很大。

現在要說的是，美日戰爭可以說是始於石油終於石油。開戰前的美日交涉時代，如果沒有日德同盟，美國也許會放心給日本石油，唯因有日德同盟，美國擔心給日本的石油轉送給德國，因而美日交涉沒有成功。

昭和天皇於一九四二年二月，透過木戶（幸一）內大臣要求東條首相能努力於早日結束戰爭。「木戶日記」記錄天皇的話說：「為人類和平，徒拖延戰爭，擴大慘害，實在不好。」這些話，說明為何昭和天皇沒有直接對東條說。昭和天皇徹底主張：遵守憲法，絕不許違反條約。既然與德國約定不單獨媾和，只有遵守到底。

進軍南法屬東印度（一九四一年）

其次是進軍越南（南法屬東印度）。小林一三事先前往與荷蘭當局所舉行的與荷屬東印度（即今日之印尼—譯者）的通商協定會談（關於普通貿易品以外，石油及其他特殊品之輸入），到二月左右已經看出來不會成立時，陸海軍便計劃要進軍越南。

以為只要以武力威脅，對方就會退縮，這是日本陸海軍的毛病，而滿洲問題是這樣做，在這裡也玩同樣的手法。

自始就反對這個進軍的松岡，二月底前往德國，四月回國以後，好像變成另外一個人，非常偏袒德國，我想他可能給希特勒收買了。

他回國以後對我很高興地說，他有生以來第一次受到有如王侯的款待。松岡之所作所為，有許多事難以理解，但如果知道他的個性，則能夠瞭解。凡是別人所提出的計劃，他統統要反對；而且毀棄條約不算一回事，他就是性格這樣特別的一個人。

松岡從德國回國時，順便經過莫斯科與蘇聯簽訂了中立條約。其目的不過是想拉攏德義蘇，俾以加強日本的地位（發言權）。因此，他乘西伯利亞鐵路火車東行，經過伊爾庫次克時，已經觀察著沿線的兵備，想著他日的戰爭。又，以其在俄都與史坦哈特美國駐蘇大使暢談為美日交涉的開端而得意洋洋時，他是很熱衷於這個交涉的，可是回國以後，得知這個交涉已有重臣方面開始著手，他便突然蠻橫講理。

五月，松崗來對我報告說，擬毀棄與蘇聯的中立條約（互不侵犯條約），很顯然地這是忽視國際信義，這種大臣不能要，因而我要近衛免松崗的職，但近衛以不能單單免職松崗，迨至七月，內閣才以面目一新閣員為名義提出總辭職。

松崗的主張是要進兵至伊爾庫次克，所以如果照松崗的說法做的話，一定不得。沒有採納他的意見是很大的功勞。

偏袒德國的松崗回到日本以後，預測美日交涉的紛亂，美國對德國參戰的危險性，和德蘇衝突的可能性，而主張對蘇聯宣戰以及暫時不要進軍南方，唯海軍根本就反對與蘇聯戰爭，陸軍也因為還沒準備好，因此也反對松岡的強硬手段。

昭和天皇對於松崗外相的不信任，譬如「木戶日記」便這樣寫道：

「松崗外相的對策，對於北方和南方都要積極出動，但政府與統帥部的意見是不是要一致？鑒於國力，這到底妥當不妥當？（天皇）對這些問題非常憂慮。」

這印證了昭和天皇對近衛說：「要其免松岡的職」的事實。又，說松岡「可能給希特勒收買」，真是令人駭聞。

德蘇戰爭爆發於六月。我記得聯絡會議決定進軍越南的方針是五月分，而七月二日的御前會議則壓住了對蘇宣戰論，但包含了補償的意味卻同意進軍越南。

八月左右，集結於海南島的日本部隊，如果要把它調回來還來得及，所以我遂透過蓮沼（蕃）武官長對東條建議說，國內稻穀的收成極差，由南方輸入的米如果停掉的話，國民只有餓死，因此最好不要進軍越南，但東條不同意。而七月二十六日所發表日軍之插足越南，終於導致可怕的對日經濟封鎖。

河田（烈）大藏大臣知道：如果日本進軍越南，美國必將凍結日本在美國的資產，唯因當時藏相沒有參加聯絡會議，無從表示意見，加以近衛又不諳財政，我只能聽到軍方的意見。現在回想起來，這個組織（大本營政府聯絡會議）實有缺陷。

美日交涉（一九四〇年）

美日交涉從成立三國同盟前後，已經非正式地開始，故我聽過天主教神父和岩畔（豪雄軍事課長）上校等人的事，但其餘的事情我都不知道。起初進行得很順利，但到重要關頭時刻，因為松崗的反對而付諸東流。

松崗不僅使美日交涉受到挫折，而且因為與蘇聯的互不侵犯條約使德國氣憤。

美日交涉妥協的機會前後有過三次。

第一次是一九四一年四月，根據野村（吉三郎）大使的案美國提議之時。美國的條件對日本非常有利，陸軍、海軍和近衛都贊成，唯有松岡一個人因為不是他所提出的案而反對，致使挫折。第二次是近衛、羅斯福會談，我以為此次也許可以談妥，但美國拒絕了。第三次的案，比第一次對日本相當不利，這個案是對於日本所提出的案，十一月二十六日（美國國務卿）哈爾所提出的最後通牒，因而交涉終於絕望。

天主教神父烏爾雪與多勞特，於一九四〇年十一月底突然訪問日本。為改善險國的美日關係，他們對日本提出了「打開局面的方策」。以它為基礎，岩畔上校和井川忠雄與這兩位神父一再協議，並於一九四一年四月完成了非正式的「美日諒解案」。對於這個案的趣旨，政府和陸海軍都同意，故美日交涉的前途相當光明。在分秒必爭之時，近衛首相欲等出國中的松崗外相回國以後使其成為正式的案。錯就錯在這裡。松崗以「這個案是陸軍的謀略」而徹底反對；並把它愚蠢地大幅修正後送到華盛頓。依「美日諒解案」的交涉，瞬間成為無能為力的東西。而且這種微妙的良好機會，似乎沒有讓最重要的昭和天皇知道。

九月六日的御前會議（一九四一年）

記得是八月上旬或者稍前，永野（修身）軍令部總長拿來了戰爭計劃書。這是以美國十月的軍事配備狀態為前提所作對其攻擊的計劃。我看到它非常吃驚，以為不可以，爾後要求及川更換軍令部總長，但及川以這是永野的說明不夠充足所致，並建議最好不要調動，故擺下來。九月十五日下午大約五時，近衛來看我，並拿明日將要召開的御前會議案給我看。其內容為：第一戰爭的決心；第二繼續對美交涉；第三到十月上旬左右交涉如果還不能達成協議，決心開戰。這是以戰爭為主要，交涉為次要，所以我遂要求近衛把重點擺在交涉，近衛說這是不可能的，而沒有同意。

我並不認為軍已經這樣準備出師。於是近衛建議我把兩個總長（參謀總長及軍令部總長—譯者）請來問個究竟，因此我遂要他們兩個人來，近衛也在場，大約談了一個小時。關於這件事，朝日新聞社出版近衛手記所寫的內容大體上是正確的，此時，近衛也說要把第一和第二的順序調換是絕不可能的。

「近衛手記」對於九月五日昭和天皇和兩位總長的問答這樣寫道：

「陛下對杉山參謀總長問說：『日美開戰，陸軍確信多少時間能夠解決她？』總長奉答說『南洋方面準備三個月左右把它解決』。陛下又對總長問說：『我記得爆發中日事變當時你是陸相，那時你以陸相身分說『一個月左右可以解決事變，但經過了四年之久還不能解決』，總長惶恐地囉囉嗦嗦辯解中國內地廣闊，不能照預定作戰的理由，於是陛下大喝一聲對總長說：『你說中國內地廣闊，太平洋更廣闊，你有什麼根據說三個月』，總長只有低著頭，無以為答……』（「失去的政治—近衛文麿公的手記」）。但昭和天皇此次的談話，對於杉山和永野沒有作嚴厲的人物月旦評，可能由於戰爭結束時杉山自殺，永野以A級戰犯被關在巢鴨拘留所所致。

在次日的會議席上，對於原（嘉道）樞密院議長的質問，及川答覆說第一與第二的順序並不表示輕重，但我認為這是一種詭辯。不過近衛於五日晚上大概想了一整夜，所以第二天開會前到木戶那裡去說，請我在開會時能曉諭大家和平處事。於是我便把明治天皇所作四方之海的詩歌放在口袋裡，並在會議席上念給大家聽。就此近衛的手記有詳細的記述。

「九月六日上午十時，召開了御前會議。席上，原樞密院議長問：『這個案，好像把重點擺在戰爭而不是外交。希望政府統帥部就此有所說明。』由海軍大臣代表政府回答，但統帥部沒人發言。此時陛下突然發言說：『剛才原樞相的質問，很有道理。對此統帥部沒有作任何說明實在是很遺憾』，同時從口袋裡掏出寫著明治天皇之詩歌的紙片朗讀：

四方之海皆為同胞

為何風浪喧囔不停

並說『余經常拜讀這首詩歌，和努力於紹述故大帝之愛好和平的精神』。滿座肅然，許久無人說話。」（同上）

很遺憾，會議照原案通過，而以前不肯為近衛、羅斯福會談派隨員的陸軍改變了態度，決定派軍務局長（武藤章—譯者）參加。惟因對方拒絕了這個會談，因此陸軍終於決心（對美國）開戰。

這個御前會議是非常麻煩的會議。而且似乎很順利的近衛、羅斯福會談的交涉也歸於失敗，加以最成問題的十月上旬也快到了，我非常憂慮，因而想到葉山（別墅）去休息，但木戶卻說此時我不能離開東京而作罷。

近衛的辭職與東條的組閣（一九四一年）

十月初，伏見宮來對我表示意見說，令近衛、及川、永野、豐田（貞次郎外相）、杉山、東條六個人來討論是否應該戰爭，如果和戰各佔一半時，希望我決定戰爭。我說應該讓大藏大臣（小倉正恆）也參加而表示反對。那時高松宮（昭和天皇的胞弟—譯者）在砲術學校，為年輕人所煽動，因此也是戰爭論者。近衛、及川、豐田三個人是和平論者；東條、杉山、永野三個人是戰爭論者，皇族及其他許多人贊成戰爭，和平論者比較少，故非常辛苦。

東久邇宮、梨本宮、賀陽宮是和平論者，但我沒有讓他們出面。

當時陸軍一直是主戰論，而海軍的態度是，如果海軍認為不能戰爭，就不要讓其戰爭。海軍以為仗可以打，但兩年以後，戰爭不是戰術、戰略問題，而是財政經濟的國力問題，因此和戰的決定完全授權總理大臣。

缺欠斷然的信念和勇氣的近衛，一方面受九月六日御前會議決定的束縛，為其處理而非常煩惱，終於提出總辭職。

近衛的辭職，表面上是說與陸軍衝突，其實是由於上面所說的苦衷。

其次是繼任首相的人選問題，這個人必須是知道九月六日御前會議內容的人，同時又能夠壓得住陸軍的人。由於會議的內容是極機密，所以有祇有從出席這個會議者中來挑選。東條、及川、豐田是候補，惟因海軍絕對反對由海軍人士出任首相，故遂請東條出來。

東條在陸軍大臣時代，曾經免職過違反勅令進軍北越的負責人，皇宮小小的失火事件時，免過田中（靜壹）東京警備司令官、田尻（利雄）近衛師團長、賀陽宮（近衛混成旅團長等人之職，相當能夠把握陸軍內部的人心，因而我認為，組閣時如果附以條件，我相信他定能壓住陸軍，事情可以辦得很順利。

故我命令東條組閣時，我特別指示他：一定要遵守憲法；陸海軍要更加合作；情勢面臨重大的局面。

我所謂情勢面臨重大的局面，乃是要其把九月六日御前會議的決定恢復原狀，並盡可能地努力於實現和平的意思。我令木戶對東條說明我這個用意。我並令（木戶？）將此條件書的副本交給岡（敬純）海軍隊省軍務局長。我同時把及川叫來，要其努力於陸軍的合作。

裡。

東條遵照我的意思去組閣，並將來栖（三郎）派到華盛頓的野村（吉三郎）大使那裡。

近衛的手記有奉戴東久邇宮為總理大臣云云的記載，這是陸軍推薦的，我認為不宜由皇族來負政治上的責任。不過如果軍以絕對要保持和平為其方針的話，我不應該拒絕，因此我令木戶與陸軍商量結果，根據東條的說法，不一定會和平。

如果以皇族為首相，萬一爆發戰爭，皇室非負開戰責任不可，我覺得這樣不好，加以東久邇宮也沒這個意思，因而我沒有接受陸軍的要求，而遂令東條組閣。

現在，我想就令皇族出任參謀總長和軍令部總長事說明一下。

閑院宮之出任參謀總長（一九三一年十二月），是因為當時陸軍內部派系鬥爭很厲害，沒有人願意出任總長，因此大家認為唯有勞駕閑院宮，為慎重起見，我徵求了西園寺的意見後才請閑院宮擔任參謀總長。

倫敦會議以來，海軍內部也很混亂，陸軍既然有閑院宮的前例，因而接受海軍的要求，而令伏見宮出任軍令部總長（一九三二年二月）。

（這個部份，可能寫漏）

但結果是，其本人並不出席聯絡會議等等，而由次長出席，因而近衛等人要求撤換，且有成為「傀儡」的傾向，所以先以杉山接任參謀總長（一九四〇年十月），繼而伏見宮生病，故也把他換掉（一九四一年四月）。

決定開戰（一九四一年）

就任首相的東條，為了要把九月六日御前會議的決定恢復原狀，連日召開聯絡會議一個星期，日以繼夜，努力研究，而問題的重點是石油。

及川的避免戰爭是，在日本國內製造人造石油，為此需要二百萬公噸的鐵，這必須由陸海軍提供，而且需要很多的工廠，因此日本國內的產業幾乎非停頓不可。若是，日本將不戰而亡。

的確，禁止對日本輸出石油，使日本陷於困境。既然如此，為期萬一之僥倖，大家遂認為不如一戰，當時我如果壓住主戰論，國內輿論必以日本擁有多年來鍛鍊的陸海軍精銳軍隊，且輕易地屈服美國而沸騰，從而很可能發生軍事政變。所以那是很難的時代。爾後因為來了哈爾的所謂最後通牒，在外交上才到最後的階段。

關於昭和天皇的軍事政變的談話，根瑟著「麥克阿瑟之謎」，有一段可以對證的記錄。真假如何現在自無從求證，根瑟寫道：於一九四五年九月二十七日，天皇首次往訪麥克阿瑟元帥時，兩個人之間曾經有過如下的對話：

「天皇對此次戰爭表示歉意，並說『我想阻止它』。此時麥克阿瑟盯盯地看著對方，同時問：『如果這是真的話，為什麼沒有去實行呢？』裕仁大致這樣回答：『我的國民非常喜歡我，正因為非常喜歡我，所以如果我反對戰爭，或者努力於和平，國民一定把我送到精神病院，讓我在那裡呆到戰爭結束為止。國民如果不喜歡我，他們一定輕而易舉地砍掉我的腦袋。』」

因此，昭和天皇可能真正相信如果他反對開戰，他將無法保存天皇的地位。

內閣的意見雖然已經決定開戰，但為了更慎重起見，我與木戶商量，想舉行一次閣員和重臣的懇談會，並令木戶要東條來邀約，但東條不肯，因而我改變方式，由我請閣員和重臣吃飯，在吃飯前後給他們一個懇談的機會，同時利用這個機會，由我來聽取每位重臣的意見，故於十一月二十九日宴請了他們。

對於閣員重臣的懇談，因為我沒有參加，其詳細情形我不知道，餐後我聽取重臣的意見時，東條和木戶也在場。我記得他們的意見如下：

近衛：「外交和平已經絕路了。但還有沒有其他的方法求得和平呢？」極其抽象。

平沼：「一開戰，思想會混亂，所以不好。」這也很抽象。

米內：「以石油問題為理由來戰爭是不好。但要如何結束戰爭也沒有一定的意見。」

岡田：與米內同意見。

廣田：是否因為玄洋社（日本右翼團體之一——譯者）出身的關係，他贊成戰爭，推薦皇族內閣，又說最好聽取統帥部的意見以組閣，完全不像是個外交官出身者的意見。

阿部：「不得已。」

林（銑十郎）：歌頌戰爭。

反對戰爭者的意見是抽象的，而內閣則舉出數字來主張戰爭，所以非常遺憾，我沒有力量來壓住戰爭的主張。

隔（三十）日，高松宮來探聽昨天的情形，並說：「如果失去這個機會，將無法抑制戰爭，從十二月一日起，海軍將展開戰鬥，若是自無從壓住。」我跟他也談了對戰爭的展望，他說，統帥部的估計是五分五分，不分勝負，即便搞得好，也是六分四分的，勉強可以贏。我說可能會輸。於是高松宮說這樣的話現在令其停止怎麼樣？我想我是立憲國的君主，對於政府和統帥部一致的意見我必須同意，如果不予同意，東條辭職，發生重大「政變」，亂七八糟的戰爭論更會得勢，所以對於停止戰爭的建議，我沒有回答。

十二月一日，舉行閣員與統帥部聯席的御前會議，決定戰爭，當時我以為反對也沒用，因此我一句話也沒有說。

羅斯福總統的親電

我依短波事先知道羅斯福可能來親電，而木戶也憂心忡忡等著，但一直沒來，迨至十二月八日上午三時東鄉（茂德外相）才拿來。據說，格魯大使很想謁見並交給我。我本來是想給予回電的，惟因東鄉說已於六日「在夏威夷海面我國兩條潛水艇被擊沈，故最好不要回」，因此我也就沒有回答。

東鄉對格魯大使說，不予回信，也不能安排謁見天皇。不知道是幸還是不幸，這個親電是很事務性的，有如給首相或者外相的內容，所以沒有予以理睬，或許是不幸中之萬幸。

每日新聞所報導有關親電的問題，很能夠表達我的心情。

關於羅斯福總統的親電問題，其經緯如下：華盛頓時間十二月六日下午九時（日本時間為七日上午十一時），哈爾國務卿對格魯駐日大使拍發給天皇的親啟電報，而且在拍出的一小時二十分前發表了這個消息。同盟通信社於七日上午七時許（日本時間，以下同）從AP和UP通訊社的短波得知此項消息，並轉告有關方面。當然也通知昭和天皇，這是「木戶日記」所記載的，而且天皇指示：「即使是深更半夜也要立刻送來。」

但奇怪的是，日本電信局收到的時間是七日中午，可是格魯收到親啟電報是七日下午十時半左右，非常晚。事實上是，中央電信局依陸軍中央的命令，從到後故意慢十個小時才送去。

參謀本部通信課的戶村中校這樣說：「……作戰課的瀨島少校告訴我說，友軍機迎擊了前一天接觸馬來亞登陸船隊的敵機，戰鬥已經開始了，此事由杉山參謀總長上奏過天皇。因此美國總統來天皇親啟的電報也沒有什麼用。我想反而會引起混亂，所以我把這個親啟電報攔下來。」（戰史室「戰史叢書」）

所以，天皇看到其親啟電報是八日上午三時，亦即夏威夷時間下午七時半，日本航空隊預定轟炸珍珠港時間僅三十分以前。

第二卷

宣戰的詔書

東條屢次拿來宣戰的詔書案。

核准最後的案時，我對東條說：自明治天皇以來，日本與英國有很深厚的友誼，我到英國時也受過其款待，因此要與這個英國分手實在感到萬分痛苦，而據說，後來東條對木戶表示其感想說，對英國的感情竟會有這樣大的不同。

當時的內閣書記官稻田說，東條首相表示「豈非朕之意圖」和「皇祖皇宗之心靈在上」的兩句話，似由層峯插進去。

稻田將此意報告昭和天皇時，天皇說「也許是」。

派使節到羅馬教廷

開戰後，日本首次派使節到羅馬教廷，這是我的意思。

我自訪問羅馬以後，覺得一定要與教廷取得聯絡，從日本移民問題的觀點來說，也有此必要。第一次近衛內閣時，我對廣田這樣說，廣田也很贊成，但沒有實現。

開戰後，我以與羅馬教廷有聯絡，對於戰爭結束時期有幫助，方便於搜集世界的情報，以及鑒於羅馬教廷對全世界在精神上支配力的強大等等，我要東條遣派公使（一九四二年四月，特命全權公使原田建到任）。

頒布詔書、拒絕要求及親拜伊勢神宮

戰爭期間，為鼓舞國民的士氣，東條內閣末期，以及小磯（國昭）、鈴木（貫太郎）各首相都要求我頒布詔書。

但如果要頒布，也不能說希望早日和平，而只能使用歌頌戰爭、贊成侵略的措詞，若是，則有違皇室的傳統，故我一直拒絕其要求。

而木戶也同樣意見。

現在，我想來說一九四二年十月十日參拜伊勢神宮當時的我的心情。一看當日的文告就可以知道，我所禱告的不是獲得勝利，而是和平能夠早日到來。

戰敗的原因

我認為日本之所以戰敗，乃由於以下四個原因。

第一，兵法的研究不夠，亦即沒有能夠體會孫子的知己知彼百戰百勝的根本原理。

第二，太重視精神和輕視科學（物質）的力量。

第三，陸海軍的不一致（各行其是）。

第四，沒有擁有常識的首腦。缺欠往年之山縣（有朋）、大山（巖）、山本權兵衛這類大人物，政戰兩略不夠充分，而且軍的首腦大多是專家，缺乏統率部下的力量，因而造成所謂下剋上的情況。

如果以最近所發表，一九四五年九月九日，昭和天皇寫給皇太子（現今之天皇）的信，與上述這些話作個比較，則我們可以發現很有趣的事實。「讓我說一說戰敗的原因」，昭和天皇先這樣說以後，如此寫著：

「我個人太相信皇國，和輕視英美。

我國軍人太重視精神，忘記科學。

明治天皇時代，有山縣、大山、山本等名將，這次有如第一次世界大戰以後德國，軍人跋扈，不考慮大局，祇知進不知退所導致。」

昭和天皇之很堅定的太平洋戰爭觀，由這兩個文書可以看得非常清楚。

東條內閣

（一）東條內閣的外交

起初美英具有攻擊非洲的計劃時，我曾經提醒東條，要其勸告德國，與其重視對蘇聯的戰爭，不如把重點擺在非洲。這件事沒有辦通，因為是由大島負責，所以不知道其實際情況。

其次，美英登陸法國本土時（一九四四年六月），我曾建議德國對蘇聯只作防禦，以主力一擊美英。最後蘇軍將侵入德國領土時，我曾建議其與蘇聯媾和，這件事大島似乎通知到了對方，但德國沒有同意。

日德利害關係的不一致，是日本在外交上失敗的原因。

昭和天皇在「東條內閣的外交」所說的部分，都是新的事實，只有盟軍登陸法國後，於一九四四年七月二十二日，成立小磯，米內聯合內閣時天皇所說的話有些這個含義。「陛下指示要尊重憲法，不要刺激蘇聯」。（「近衛日記」—小磯的致詞）由此我們可以知道昭和天皇非常關心蘇聯。

（二）東條內閣的內政

現在我想來談談東條內閣為何倒台，和為什麼我不親自倒它？我認為東條內閣貧微的原因是：

一、馬里亞納的失陷。

二、太用憲兵，搞壞國民感情。

三、東條兼職太多，太忙，致使我的想法不能經由東條達到全體官員，而東條的想法也不能達到國民，故其風評每況愈下。

（三）東條其人其事

原來，東條這個人是很懂事的，其所以被目為獨裁，是因為兼職過多，太忙，他的想法不能下達，又用憲兵用得太多。

其用田中隆吉（到一九四二年九月為兵務局長）、富永（恭次）次官（正確來說應該是陸軍次官兼人事局長）等，風評不佳，無法服其部下也是東條風評下落的原因。

實際上到後來，東條也壓不住其部下。

東條拚命工作，平素所說也思慮周密，很不錯。

馬里亞納的防備也是他兼任參謀總長以後督促才完成的，但為時已晚了。當時，他很反對非戰鬥員的犧牲，但一般都以為這是東條令其犧牲的。

一九四二年四月，處罰美國飛行員時（多利特爾轟炸），因東條的意見而付諸裁判，本來準備全部處以死刑的，惟因東條反對，故將責任最大的三個人槍斃，其餘者則以勅令處以無罪。這是東條與參謀本部妥協的結果，事實上是，美國飛機射擊的地方，好像有高角砲或者高射機關槍，所以那三個人也應該沒有責任才對。

又，東條再三飛往東亞各地（從一九四三年春天到夏天），人們以為是他想出風頭，因而風評極壞，其實這是經我許可的。兼任參謀總長和成立大東亞省（一九四二年十一月）是我所不贊成的，此外，欲遵守與中國（指汪偽政權—譯者）的約定是件好事。

東條首相兼陸相於一九四四年二月兼任參謀總長，嶋田海相也兼任軍令部總長。各方面皆以這個沒有前例的措施為違反憲法而猛烈反對。在御殿場（東京郊外之地名—譯者）療養中的秩父宮三次提出質詢。對此東條答說：

「國務與統帥完全由皇上發動。東條立足於這個本義，在拳拳服膺。陸軍大臣東條之為參謀總長……是沒有前例的措施，所以有人反對是應該的，但其是非，我想讓日後的歷史學家去判斷。……又違反國家本義的事，東條自己不許這樣做。」（「大東亞戰爭全史）」

集昭和天皇之信賴於一身的東條，以上這一番話也是當時風評極壞之「東條幕府」的證據。

據聞，後藤文夫（東條內閣的國務大臣）曾說，他做閣員的時候，完全不知道東條的風評那麼差，離開內閣以後才知道其風評之壞，因而非常驚訝。又據說木戶也曾經一再地忠告東條，而終於與東條鬧翻。

首先是嶋田（繁太郎）的問題，嶋田雖然與東條非常要好，但海軍下面對他的風評並不好。

高松宮也來對我說，最好讓嶋田離開，同時伏見宮也與岡田（啟介）上將聯絡，代表海軍勸告嶋田辭掉大臣，有一次伏見宮來報告說，他擬勸告嶋田轉任軍令部總長，由米內出任海軍大臣。

這時我對伏見宮提出兩個條件：不要因為這個人事，而搞垮東條內閣，和勿以我的意見來勸告嶋田辭職。可是嶋田卻拒絕了伏見宮的勸告。伏見宮的勸告之所以沒有成功，是因為這個本來是岡田的案。因臨時由伏見宮提出，所以無法說服嶋田。我肯定嶋田的功勞。我覺得他為其部下所討厭，乃由於他太有智慧，看法準備，與東條談話時，沒有充分交換意見馬上就贊成東條，而對其部下卻非常強硬，致使其風評不好。

由於他的風評實在太差，為使內閣繼續存在，我遂對東條建議免職嶋田，因此東條終於這樣做。

惟這時東條好像對嶋田說我不信任他，故嶋田覺得有些奇怪，不過如上所述，我是很信任他的。

昭和天皇這一章的談話，令我想起兩件事。

第一件事是：六月二十五日，伏見宮請來嶋田，大力勸告其辭去海相，並請米內接任海相。經常跟在伏見宮身邊的嶋田，不知何故，此時卻激烈抵抗：「殿下雖然這樣說，如果我辭職，東條也要辭職，這樣內閣勢將非改組不可，因此無法服從您的話。」（「高木惣吉日記」）此時伏見宮為何不敢強硬，昭和天皇的這番話替我們解開了其謎。

第二件事是：七月十三日早上，木戶大臣對東條提出改組內閣的三大條件：一、不兼任參謀總長；二、更換嶋田海相；三、創造舉國一致的態勢，但東條的態度還是很強硬。當天下午，以參謀總長的身分上奏統帥事項時，東條還請示木戶的暗示是不是天皇的意思。天皇說「是」。昭和天皇的這些談話，證明了已經公開之資料的正確。

總之，昭和天皇對東條、嶋田之絕對信任，真是令人驚愕。東條和嶋田都是熱心於工作，嚴謹、不喝酒、守戒律而標準的軍人。他們上奏天皇時，尤其用心。昭和天皇可能對於這種絕妙的忠臣感到親切。

東條不以米內，而擬以野村（直邦）繼任嶋田，我不贊成野村，但我沒有說出來。為什麼呢？因為從前野村從德國回來時，我聽過他有關德國的報告。我說德國對蘇聯宣戰，這種做法有如拿破崙入侵莫斯科失敗一樣，英雄往往太自負，故看不清楚事情，但野村卻說（希特勒）不是拿破崙，拚命強辯，因此我認為野村是個小人物。

其次關於參謀總長，核准後宮（淳）以後又換成梅津，乃由於很微妙的事件所致。起初東條推薦後宮，在這之前，就此人事東條曾經與元帥商量過，據說元帥絕對不贊成以皇族為參謀總長。

東條推薦後宮時，我對東條說：元帥的意見是有道理的，同時問：有沒有建議應該提出更有分量的人物？東條退出以後，馬上來了要以後宮為參謀總長的上奏書，我遂予以核准。

旋即東條似乎體察我意，雖然我已經核准了，他還是上奏取消以後宮為參謀總長的上奏書，並推薦梅津。

這是核准了之後，東條上奏取消的，這可能是前後所沒有過的例子。

關於內閣的改組，東條說了各種各樣的方針，但他好像還不太清楚改組的重點。他希望重臣入閣以便負責，但我認為這不是很重要。

東條對米內交涉，要他做國務大臣，但米內卻以如果是海軍大臣，他願意接受，他說他不懂政治，不能以國務大臣身分協助首相而拒絕。這充分表現了米內的人格。

改組內閣的重點，乃要拿掉首相所兼的許多職位，並分給別人去做。

他凡事，事務性地辦得很好，知道民意，（以下應該還有，惟缺少一〇三～一〇七頁）尤其是懂得知識分子的意向。

高松宮也屢次來向我建議應該更換內閣。

東條內閣之風評雖然這樣差，而我所以還不更換內閣，乃因為有田中（義一）內閣的痛苦經驗。

東條多少還有其熱烈的支持者，因此我不希望給人家說倒閣是皇宮的陰謀。

其次，東條走了以後，找不到更有力的人物。

第三，東條與東亞各地的人有接觸，如果忽視這個因素而更換內閣，也許不能收拾東亞的人心。

由於以上三個原因，我不想更換內閣。

在大體上，木戶也跟我同樣意見。所以木戶也不希望倒閣。

（四）東條的辭職

東條被平沼說而提出辭呈。以不應該躲在袞龍之袖子而乾脆提出。我是同情東條的，但我無意替他辨護，我只是說出其真相而已。

小磯內閣

（一）小磯的內閣

在東條內閣總辭職後的重臣會議，首相的繼承人選，第一是寺內（壽一）、第二為小磯，第三是畑（俊六）。關於寺內（南方軍總司令官），因為敵軍迫近菲律賓，東條不便把他叫回來，因而作罷。對於畑（支那派遣軍司令官），重臣之中反對者不少，故最後決定小磯（朝鮮總督）。

我以人們以為小磯與三月事件（一九三一年三月，由陸軍少壯軍官所企圖的政變計劃—譯者）有關係，而且有超現實的傾向，加以又不懂得經濟，所以我有些不放心，惟因米內和平沼都推薦，因此我無奈地令小磯組閣。我本來的意思是要由小磯單獨組閣的，但近衛突然來，建議最好令其與米內組織聯合內閣，我又問重臣的意見，爾後令他們兩個共同組閣。令米內出任海軍大臣，乃由於以下的經過。野村（直邦）於七月二十一日（內閣成立於二十二日）上午九時半，沒有透過武官長和內大臣，突然來晉謁，以試探此次組閣時，擬任命米內為海軍大臣是我的意思，這是否事實。

這是因為野村聽小磯這樣說。

當時，海軍省內部，有以野村海軍大臣為首，岡（敬純）次官及軍務局長等反對米內的氣氛。我說我希望米內做大臣。那時，如果我沒有定見，不敢對野村說實在話，海軍可能推薦米內以外的人出任大臣，若是，小磯、米內聯合內閣或許流產了。因為我事先由木戶聽取了海軍的情勢，因而能夠放心對野村說出我的意見。

起初，小磯說要以米內為海事大臣，末次（信正）為軍令部總長，但我反對末次出任總長。據說，事後米內調查末次的事，結果發現海軍內部八成的人不知道末次的存在。

米內出任海相時，發生了復職現役的問題。為此海軍中央議論紛紛。七月十八日，立刻召開首腦會議，爭論到深更半夜。此時據傳小磯首相所說：「使米內上將恢復現役並出任海軍大臣」之天皇的話成為最重要的問題。於是結論說要問明其真假，翌（十九）日便由野村進宮去試探。昭和天皇說：「一點也不假，使米內恢復現役並出任海軍大臣」。

從上述的談話，我們可以想像得知各種情報之天皇的風采。天皇對米內的信賴，與東條、嶋田的不同意義上，是不可思議的。

（二）小磯其人

如我所預料，這個內閣並不好。改組時，有人說什麼馬上動搖，而且其所說不可靠，不過小磯本人，我的忠告則一定聽從。但只要有人說他，他就動搖。即他既沒有膽量，也沒有自信。因此我常常麻煩米內忠告小磯。

（三）媾和的抬頭

因於雷伊德（菲律賓要主島嶼之一——譯者）的決戰，不僅陸海軍的意見不一致，連在陸軍內部，山下（奉文）和寺內（壽一）總司令官與參謀本部的意見也不一致。

山下欲固守菲律賓。這也許是最上策。我與參謀本部和軍令部不同其意見，我認為在雷伊德予以慘重之打擊，美國畏怯時，或有妥協之餘地，故我贊成雷伊德之決戰。但我的意見卻未達統帥部，而陸軍和海軍也皆與山下的意見不同。因為如此，所以山下也不敢大膽地用兵，勉強作戰，同時海軍隨便出動艦隊，打不科學的仗而致使失敗。

雷伊德失敗時，國內流傳著這是你死我活的鬥爭的謠言，國民士氣由之消沈。統帥部不遺餘力抨擊小磯，參謀本部不授權熟悉現地情況的現地軍作戰，而由東京指揮。

敗於菲律賓之戰，將迎接琉球之決戰前，及川軍令部總長等還堅信一定能勝利。

我以如果被突破新幾內亞的斯丹列山脈，就失去勝利的希望。所以我很想找一個地方打擊敵人，俾趕緊獲得媾和的機會，惟因與德國之間有不單獨媾和的約定，為國際信義上，我不希望先於德國媾和。因此我在心裡想：希望德國早日戰敗。

當時我與木戶商量，秘密地和一個一個地請來重臣，聽取他們對國家前途的看法，但沒有一個人具有確切的意見。岡田和牧野雖然擁有比較穩當的意見，但卻不說出結論。近衛是極端的悲觀論，他說最好立刻停止戰爭。我說，陸海軍很起勁於琉球決戰，故現在不宜阻止戰爭。總之，分成悲觀論與樂觀論的兩派。

岡田的意見是，應該媾和，但不容易找到適當的時機（機會），所以只有聽其自然。小磯內閣有三個問題。高松宮代理我參拜伊勢神宮問題，繆斌問題，和設最高幕僚長的問題。

昭和天皇與各重臣的個別談話，舉行於一九四五年二月。七日與平沼，九日廣田，十四日近衛，十九日若槻（禮次郎）、牧野、二十三日岡田，二十六日與東條。關於其內容，作陪的侍從長藤田尚德在其「侍從長的回憶」有記載。現在我們來介紹其一部分。

「廣田氏：最後用力大聲這樣結論說：

『絕不能與蘇聯戰爭。腹背受敵，將有如今日的德國，勢必陷於堪憂慮的戰局。』

陛下大大地點頭。」

與近衛面談時，天皇這樣說：

「參謀總長等的意見是，即使要求和，也得來一次戰果，否則很難談，對此近衛有什麼看法？梅津和海軍說，如能誘敵到台灣，則可以予以一擊，……」

近衛答說：

「有這種戰果，當然最好，但究竟有沒有這種時機呢？而且這必須是最近的將來，半年、一年以後就無濟於事。」

東條是斷然的抗戰論。

「敵人誇稱說開戰四個星期就要讓日本屈服，但四年以後的今日才勉強到硫黃島。轟炸如果與德國比較，那只是一個開始……。」

（四）高松宮代理我參拜神宮

有一天，高松宮派人來建議說：戰爭日趨艱難，為一新民心，最好到伊勢神宮去祈禱，如果不方便，他願意代理我參拜。

高松宮認為，最近，官員特別是年輕的官吏，對國民非常不親切，有官員自以為是的不良風氣。應該給他們神罰，因此願意代理我去伊勢宮禱告。

我與木戶、松平也商量過，我以任命官吏的大權屬於我，官吏不好是我的責任，我應當向神道歉，我不能祈禱請神處罰官吏而拒絕他的建議。

但我以能夠早日帶來和平的日子，今日國家之困難是我無德所致，故請能領導國家今後能夠好轉等等為告文的內容，請高松宮代理。

高松宮雖然有些不滿，但還是代理我參拜了伊勢神宮。

（五）繆斌問題

這是一國首相，就中日和平問題，欲與來路繆斌談判的問題。

重光（葵）早就知道繆斌。起初，他與汪（精衛）同其行動，後來拋棄汪，是個不講信用的人。當時日本雖然面臨危機，所謂溺水者攀草求生，但堂堂一個國家的首相，怎麼可以依峙如繆斌者流之力量，來謀求中日全面的和平，這實在太沒有常識了。

繆斌搭乘陸軍的飛機來日本，為何杉山予以許可，我百思不得其解，他之來日，係由朝日新聞記者田村（真作）的建議，緒方竹虎策動的。

他沒有攜帶蔣介石的親筆函件，原來，對於重慶的工作，完全授權南京政（汪偽政權—譯者），所以由日本直接出面是件背信行為。何況對於沒有帶（最高負責人之）親筆函的普通人，一國首相對其施行謀略即使成功也喪失國際信義，如果失敗，只有貽笑大方。（生前，王新衡先生曾經告訴譯者說，繆斌是他獨斷派到日本去做日本人工作的—譯者）

木戶、梅津、重光、米內、杉山都反對這件事。我也非常反對，因此我把小磯請來，叫他不要跟這種人交涉。米內和杉山也都對小磯說過同樣的意見，因而小磯遂與繆斌停止交涉。

東久邇宮好像與這個問題有關係，這可能被緒方等捧所致。據說，木戶曾經去極力反對東久邇宮參與此事。

被認為「與蔣介石政權的國防部長何應欽有關係」的繆斌，一九四五年三月抵達東京。東久邇宮與其面談過，因而很支持這個和平工作。但昭和天皇一直不予相信，這是「本戶日記」也有所記載的。它說：

「小磯首相晉謁時，……說還要進行這個工作，我覺得這與其他大臣所說者有很大出入，但又不好立刻說不行，因而我對他說不要介入太深，他說好可惜。我想再請他來，並告訴他停止，你以為如何？」

由此我們可以窺悉昭和天皇如何地討厭繆斌。是即昭和天皇非常討厭一隻腳踏兩隻船的人。

（六）設立最高幕僚的問題

小磯內閣時代，由於陸海軍的不一致愈來愈厲害，一方面為軍的統制，另方面為早日促進和平，遂有人提出在參謀總長與軍令部總長之上設一個最高幕僚長由海軍推薦。

我以為米內是個好人選，故與米內見面時我與他談這件事。但米內卻說，從朝香宮的口氣發現這個案是陸軍所作因而已經予以反對，因此這個案沒有成立，最後決定由總理大臣出席者最高戰爭指導會議，並來統制。

究竟有多大效果，不得而知，首相可能是個漂亮的「觀察員」吧。我是很想實現這個案，以促進和平的。但朝香宮卻是徹底的主戰論者。

陸海軍之統帥一元化的問題，從東條內閣末期開始突出。要以誰來做最高幕僚長，以無適當人選而沒有具體化。不過昭和天皇是很熱衷於這個案的，「東久邇宮日記」告訴我們這個事實。這在小磯內閣時死灰復燃，米內海相和井上成美次官以「這是欲完全奪取國家的第一步，是要抹煞礙事之海軍的陸軍的意圖」猛烈反對而致使流產。

（七）小磯的辭職

小磯想自兼陸軍大臣，以改正東條的人事，同時欲親自參與作戰，因而對杉山說他想兼任陸軍大臣，並擬以阿南（惟幾）為次官，但為杉山拒絕，故提出辭呈。

鈴木內閣

（一）重臣會議推薦首相

東條和廣田推薦畑；平沼、近衛、岡田和若槻推薦鈴木（貫太郎），阿部是朝蘇總督，不在東京。

東條擔心鈴木出任首相，會不會走向和平；木戶認為鈴木最適當，故我命令鈴木組閣。

鈴木本來是不肯做的，但經我規勸以後，他接受了。

鈴木貫太郎的長子鈴木一回顧：「父親對於當天晚上等著他回家的我們說：『在陛下面前，我說我是一個天生的軍人，對政治完全外行，年紀大而重聽，如果犯重大錯誤將對不起陛下，而謝絕』，對此陛下一再說『聽不見沒關係，還是要你做』，我沒有辦法，只有遵命。」（「鈴木貫太郎自傳」）

當時，鈴木貫太郎七十七歲，昭和天皇為四十四歲。

（二）外務大臣的任命

我以為重光留任外相最好，但重臣和外務省方面有反射重光的空氣，如以鈴木問小磯有關重光的事時，小磯因繆斌問題對重光有所不滿，反對重光的留任，故由東鄉（茂德）出任。

（三）陸軍大臣的任命

米內留任海相，阿南就任陸相。當時，陸軍省和參謀本部都想排除杉山，而賀陽宮和三笠宮（昭和天皇的胞弟—譯者）都曾被「打動」。三笠宮受參謀本部的人之托，特地來問我對杉山的意見，我說要排斥杉山並不好。在這以前，成立小磯內閣時，為推薦陸相，召開了陸軍三長官會議。

梅津推薦山下（奉文）和阿南，東條以山下的果斷或將推翻東條的人事而反對，並說他自己要留任。

梅津以東條是前首相，小磯一定不好做而反對，故以杉山為陸相。

杉山本身並不希望做大臣，惟為推掉東條，而勉強接受。

由於這種原因，所以現在不好換掉杉山，我委婉地對三笠宮這樣說。

又，東久邇、賀陽、梨本、朝香等五個皇族聚會於三笠宮公館，商量排斥杉山，並由梨本宮代表，把蓮沼（蕃）武官長請去聽取意見。蓮沼武官長極力反對其做法，並告訴他，這樣做將是殿下的責任，於是梨本宮為謝絕這個代表前往三笠宮公館，三笠宮不在家，故轉告了原東管家。

木戶請朝香宮去問參謀總長的意見，朝香宮聽了梅津的說明之後也諒解了。

如上所述，由於排斥杉山的空氣相當濃厚，因此在小磯內閣末期，有要把朝香宮和東久邇宮分別任命為第一總軍、第二總軍司令官的方案，惟因梅津的斡旋，改派了杉山和畑。所以阿南成為鈴木的陸軍大臣。

（四）琉球決戰的失敗原因

我認為其原因在於陸海軍作戰的不一致。琉球應該以三個師團來保衛，我也很擔心。梅津起初以為兩個師團就夠了，後來感覺兵力不足，想再增加一個師團時，已經無力輸送。

也實行了所謂的特攻作戰，但天氣不好，沒有彈藥，飛機也不行，所以即使天氣好，恐怕也成功不了。

特攻作戰，於情實在無法忍受。非這樣做不可，就是勉強。

海軍在雷伊德幾乎失去全部艦隊，珍藏的大和艦（六萬四千公頓—譯者）也出動了，這因沒有飛機的聯絡就出去而失敗。

陸軍在延期決戰時，海軍卻出於自暴自棄的決戰，兩者的作戰不一致，完全是沒有意義的戰鬥，其詳情請看作戰記錄，我認為這是最後的決戰，如果打了敗仗，恐怕只有無條件投降。

在琉球戰敗以後，決戰已不可能，唯一的希望是呼應緬甸作戰，攻打雲南，或能予英美以相當的打擊。我對梅津這樣說，但梅津以不能繼續補給而反對。

當時，賀陽宮是陸軍大學的校長，我對他說這種話時，他答說一時或能作得到，並說要好好研究看。後來這件事不了了之。

關於特攻，一九四四年十月二十五日實行了所謂「神風特別攻擊隊」的第一批。得到其報告的天皇的話說明了一切。

「站在號令台的中島中校讀了這個電文：『天皇陛下聽到神風特別攻擊隊的奮戰以後，對軍令部總長說：非這樣作不可嗎？但幹得好……』」（昭和史的天皇）

又寄予最後希望說「攻打雲南」的天皇，實有「戰鬥的大元帥」的面目。

（五）決心媾和

雲南作戰既已沒有希望，我便認為只有媾和一途。

（六）六月八日的御前會議與X項

六月臨時國會的御前會議，是場非常奇怪的會議，當時，梅津出差滿洲時，由次長（河邊虎四郎）代理參謀總長出席。

根據政府的報告，綜合各方面的情況，以為已經不能再戰爭了，可是豐田（副武）軍令部總長和參謀次長卻說一定能夠獲得勝利，而主張繼續打下去。

這個得勝無疑的論據雖然與政府的報告非常矛盾，但最後會議的決定是繼續戰爭。

我說這個會議很奇怪是，如上面所說雖然決定要繼續戰爭，但這是表面文章，首腦們的真心是想媾和，肚子裡藏著X項。

對此，事後米內也承認，鈴木也說他們曾經商量過擬透過蘇聯提出和平的X項。

在這個會議席上的平沼的態度是狡猾的。西園寺也曾予批評過，在會議席上平沼說，政府如果決心繼續戰爭，那麼對於反對戰爭者必須予以斷然的處罰。他不表示自己的態度，而只說些逢迎陸軍之意的話。

而主張繼續戰爭的豐田（副武）也是我所不能贊成的人物，他愛說逞強的話，由於有這種人物，因而陸海軍才會不一致。

馬里亞納的指導也是失敗的。我曾經提醒米內：以做為司令官成績不佳的來擔任軍令部總長不好，但米內說無論如何要他出任。

米內的想法是，少壯者推舉豐田，米內擬以他的力量來壓住少壯者，俾努力於和平。

軍令部總長和次長（大西瀧治郎）的人事是米內的失敗。

梅津於會議的第二天從滿洲回來。他報告說，即使以日本在中國的全部勢力，也只能對抗美國的八個師團，所以如果美國以十個師團登陸中國，絕無法打勝仗。梅津說這種洩氣話還是第一次。

昭和天皇之所謂X項，是指在鈴木首相強烈主張下，由最高戰爭指導會議的六人（首相、外相、陸相、海相、參謀總長、軍令部總長），於五月中旬，花費三天的工夫召開超極機密會議，徹底討論所決定的秘密國策而言。其內容為：（1）防止蘇聯參戰；（2）爭取蘇聯善意的中立；（3）擬透過蘇聯作有利的仲介以結束戰爭。即擬以這三個階段的目標，以展開對蘇聯的外交。他們六個人約定，絕不告訴任何人。此時也沒有報告昭和天皇。

（七）與蘇聯的交涉

與此同時，國內的軍需生產也非常可憐。米內曾經遣派長谷川（清）上將去視察過軍需工業，其視察報告說，以前一天生產五十個魚雷的工廠，現在一天只能生產一個。如果一定要生產海軍所需要數量的魚雷，陸軍的全部工廠都得來參與，否則做不到。因此我認為已經不可能保衛國家了。

此時，盛厚王來向我做種種的具體報告。以前我所聽到的是，海岸地方的防備不好。他報告說，不僅海岸，連決戰師團，有些還沒有武器。

他們說要利用敵人丟下來炸戰的鐵來製造鐵鍬，這怎麼能夠打仗？

木戶問過米內、東鄉和鈴木的意見，他們都說希望媾和，但誰都不願意公開說出來。因此決定由我請來最高指導會議的成員，並告知他們早日準備和平。有沒有說應經由蘇聯進行，我忘記了。這時，鈴木等人說，應該先試探蘇聯的態度，我說這樣做很好，不過在目前，需要趕緊處理。

至此決心要媾和，已經放心了；但對於媾和的條件，各人意見不同。

在這前後，為鼓舞國民鈴木要求我頒布詔書，我以前述的理由，說絕對反對，鈴木也說有道理而回去。

我總覺得政府和軍人都有一隻腳踏兩條船之傾向，這非常不好。此時因為是鈴木，所以能夠無所不談。

我在「聖斷—天皇與鈴木貫太郎」一書也寫過，昭和天皇真正決心要和平是一九四五年的六月中旬。如上面天皇所說，六月九日他首次聽到梅津很洩氣的報告；十二日，聽取了以查察官身分巡察第一線三個月之長谷川清的報告；以及聽了東久邇宮不可能本土決戰的報告之後，昭和天皇才知道大本營逞強的報告係以謊言為基礎。

六月十四日下午，昭和天皇病倒了。胃腸發生問題，因而休息了開戰以來從未休息過的政務。十五日也在病床。海軍侍從武官的日記：「聖上自昨日起玉體缺佳，」陸軍侍從武官也說：「聖上自昨天起感覺不舒服，瀉肚數次，今天早晨就在休養。」在這兩天，昭和天皇想了些什麼，決心了什麼？但恢復健康再次出現於政務室時，他明確地決心要結束戰爭。

我在「聖斷—天皇與鈴木貫太郎」一書這樣假設所寫的內容，因為上述昭和天皇的談話，似乎獲得了印證。

六月二十日，昭和天皇對東鄉外相說：

「對於戰爭，最近根據參謀總長、軍令部總長和長谷川上將的報告，在中國和日本內地的作戰準備都不夠充分，所以最好要儘快把它結束。要這樣做，當然有困難，但我希望早日結束戰爭……。」（「時代的一面」）

昭和天皇更進一步採納鈴木、木戶等人的意見，於六月二十二日，以懇談的方式，請來了最高戰爭指導會議之成員的六個人。在這個座席上，昭和天皇破例先發言說：

「在六月八日的會議，雖然決定了要戰爭到底的方針，但現在我們不要受這個觀念的束縛，希望對於結束戰爭，也要趕緊作具體的研究，並努力於其實現。」

如此這般，遂踏出了作為國策的結束戰爭的第一步。

其所以選擇蘇聯為媾和的仲介，乃由於認為：其他國家皆分量不夠，即使出面仲介，也必擋不住英美，可能成為無條件投降；但蘇聯有力量，而且與日本訂有中立條約。惟蘇聯不是很有誠意的國家，故必須先試探其態度。因而開始進行以如果蘇聯願意對日本輸出石油，日本有意把南庫頁島和滿洲交給蘇聯為內容的廣田．馬立克會談。

但迨至七月上旬，蘇聯還沒有給予回音。日本必須在波茨坦會議之前有所決定，不能耽誤，於是與鈴木商量，取消廣田．馬立克會談，並決定與蘇聯直接交涉。問題是派誰去，說是近衛最好。但近衛可能不會接受，因此由我直接與近衛談。

記得是七月初，我把近衛請來，並對他說雖然這是很困難的工作，但我希望你幫我忙，近衛答應將拚命去做。

聽到這個消息之後鈴木也很高興，並對蘇聯提出：為請蘇聯斡旋與英美媾和，以及代替廣田．馬立克會談的親善使節，擬派近衛到蘇聯。可是蘇方卻說，從波茨坦會議回來之後才要回答。關於其來龍去脈，迫水（久常）的手記（「大日本帝國最後的四個月」─譯者）有很詳細的記載，故不贅。但史大林從會議回來之後不僅不給回信，甚至於對日本宣戰。至此，日本只有無條件投降。

轟炸日趨激烈，八月六日竟被投下原子彈，國民陷於非常的痛苦，蘇軍已打進滿洲，勢非接受波茨坦宣言不可。

六月二十日，奉昭和天皇之意，鈴木內閣立刻著手於以蘇聯為仲介的和平工作。起用前首相，外交界的前輩廣田，與蘇聯駐日大使馬立克會談，日方提出讓步的案。但馬立克卻左右其詞，迨至七月上旬遂不得不放棄與馬立克的會談。至此，唯有派遣天皇的特使前往莫斯科去直接交涉，因而決定起用近衛。

（八）對波茨坦宣言的爭論

外務大臣認為這個案可以接受，陸軍說不行，木戶的解釋是應該接受。

至於當時的輿論，東京大學法學部長南原（繁）和高木八尺（東京大學美國政治史教授—譯者）對木戶說，應該直接向英美提出媾和。

木戶對有田沒有作詳細的說明，故有田又請重光訪問木戶。

木戶與重光很能夠談得來，所以木戶對重光說明了一切經過，由此重光放心回去，不久有田對我提出不管怎樣必須媾和的意見書。

如上所述，國民之中非常盼望媾和。

以南原教授為首的七位東京大學教授的和平工作，其分析和構想都非常卓越。尤其是主張結束戰爭應請天皇裁示，頒發有關結束戰爭的詔書，並將其決定明示於世界等等，爾後至戰敗的實際經過，幾乎完全照其構想。「木戶日記」告訴我們，從三月左右，南原、高木兩位教授再三訪問過木戶，而此事亦為昭和天皇所知道。確令人驚愕。這七位教授互相約定，絕不公開其一切。因此至今沒人知道其真相……。

（九）八月九日深夜的最高戰爭指導會議

政府終於決定接受波茨坦宣言，並於八月九日昭開內閣會議；同時也舉行了最高戰爭指導會議。

對於波茨坦宣言的內容，海軍省與外務省的解釋是一樣的，但陸軍省、參謀本部和軍令部卻與外務省不同其意見。

對於割讓領土，即使是強硬論者也不是很在乎，他們最在乎的是維護國體、處罰戰犯、解除武裝和保障佔領這四個問題。軍人反對與其關係最深的處罰戰犯和解除武裝，是愚蠢的。在內閣會議和最高戰爭指導會議，意見皆分成兩派。

最高戰爭指導會議開到隔（十）日凌晨二時，但其意見還是不一致。

鈴木在會議席上要求我就這兩種意見作一個決定。

會議的出席者，除鈴木首相外，是平沼、米內、阿南、東鄉、梅津、豐田之六個人。要附帶維護國體這個條件，是全體人員贊成的，但阿南、豐田、梅津三個人主張加上不保障佔領、解除武裝和處罰戰犯應由日本本身來實行的三個條件，並認為在現階段還可以作這種交涉，但鈴木、平沼、米內和東鄉四個人認為，沒有時間去從事此種交涉。

於是我說：我想不能繼續戰爭下去。我聽參謀總長報告：犬吠岬、九十九里海岸的防備至今尚未完成；陸軍大臣報告說：關東地方的決戰師團，要到九月才能完成武裝。這怎麼能保衛帝都？這如何能打仗？我實在無法瞭解。

因此我說：我贊成外務大臣的案（接受波茨坦宣言）。

外務省的原案中，有關天皇在國法上的地位的文字照平沼的修正通過，後來因而帶來很大的麻煩，總之，這個會議，因我的裁決，決定接受波茨坦宣言，並透過瑞士和瑞典，拍出要接受它的電報。

這是戰後前侍從武官坪島（文雄）告訴我的一則連說是防備最好的鹿兒島半島的部隊也沒有對坦克車砲，士兵每天在那裡挖戰壕，沒有什麼訓練。

聽到這番話，我才知道我的判斷是正確的。

當時我的決心是：第一，如果這樣下去日本民族一定滅亡。我無法保護我的國民。

第二，維護國體，對此木戶也是同樣意見。如果敵人登陸伊勢灣附近，伊勢、熱田兩所神宮即入敵人的控制下，無假移動神器，更不可能確保它，若是，自無從維護國體，因此我決心即使犧牲我自己也要媾和。

無須說，這是八月九日的第一次「聖斷」（天皇的決定）。當外務大臣提出通知盟軍要接受波茨坦宣言的原案時，平沼樞密院議長對其文字表示出反對的意見。原案說，波茨坦宣言的「條件中，在不包括要求變更日本天皇在國法上之地位的了解下，日本政府願予接受」。對此平沼強硬主張修改為：「天皇統治之大權不來自國法，天皇統治之本體不是由憲法所規定，而是與國家成立之同時本有的神聖大權。所以應該修改為『在不包括要求變更天皇統治國家之大權的了解下』」，並照平沼的意見通過。

昭和天皇的所謂「後來因而帶來很大的麻煩」，指的是日後盟軍的回答中，加了這樣的一句：「天皇及日本政府subject to盟軍總司令」。陸軍把它譯成「隸屬於」，並強硬反對外務省之「置於限制之下」的翻譯，由之又陷於混亂，進而拖延了戰爭的結束，這是大家所知道的。

（十）八月十日的重臣會議

十日，我把重臣請來聽取他們的意見。近衛、平沼、岡田、廣田四個人認為無條件投降也得接受；東條和小磯兩個人以已經下了聖斷，只有忍受，不過還是暗中表示這個決定不好，想繼續戰爭下去。

（十一）十二日的皇族會議

十二日，我請皇族聚會，我表示我的意見，他們大體上贊成，其中主張最強硬的朝香說，他也贊成媾和，但同時又問：如果不能維護國體，是不是要打下去，我說當然。

賀陽宮、東久邇宮、久邇宮，始終是很弱的意見，而賀陽宮排斥松平恆雄，或者推薦白鳥敏夫和德惠豬一郎時，則說些與其本身心中不一樣的話。

秩父宮曾經主張日德同盟，惟後來生病，故他的意見如何，我不清楚。

高松宮一向不太贊成當局的意見，而為其周圍同輩者和出入於他家者之意見所左右。自日德同盟以來，他歌頌戰爭，但到東條內閣時代，則主張防止戰爭，爾後聽從海軍的意見，開戰後是悲觀論，對陸軍非常反感。

東久邇和朝香宮雖然是兄弟，但其意見一直是對立的。這個聚會喝茶之後就散會。

關於十二日的皇族會議，「東久邇宮日記」說，天皇說明了八月九日以後的情況，「為達到和平的目的，希望皇族協助。對此，最年長的梨本宮代表皇族說：『我們全體，將協力一致補佐聖旨』」，這是唯一的資料。今日由昭和天皇的回憶，我們更能瞭解其詳情。

（十二）八月十四日的御前會議

關於接受波茨坦宣言，在九日的會議，因為平沼的意見，將其修正為天皇統治國家之大權云云，美國不懂得其意思，因而通知聯合國的立場是這樣、那樣。如果是照外務省的原案，我想他們不會提出任何條件。由於此種原因，聯合國對我所提出接受波茨坦宣言的答覆遲來，而在等著答覆的幾天，發生了許多的爭論。

豐田軍令部總長、梅津參謀總長、阿南陸軍大臣的三個人認為，這樣便無法維護國體，但東鄉外務大臣卻說沒有問題。鈴木首相與平沼樞密院議長見面結果，心理上發生些變化，以為這樣恐怕不能維護國體，於是我令東鄉與鈴木溝通，以堅定鈴木的態度。

情況如此，所以內閣會議和最高戰爭指導會議，其意見都分裂，安倍（源基）內相、阿南陸相、松阪（廣政）法相等六人，認為無法維護國體。

阿南代表陸軍與木戶激烈爭論。根據田中隆吉的說法，阿南說他沒有到我這裡來哀求過，但事實上他間接到木戶那裡去哀求過，他與木戶爭論，最後不歡而散。

東條也到木戶處與之辯論，並說必要時陸軍士官學校（即軍官學校—譯者）學生隊將保護天皇，據說木戶對其答道：這樣不是全死光了嗎？

在八月九日的御前會議，我贊成外務大臣的案，表明要接受之前，我曾經透過木戶，對近衛和平沼事先表示我的決心。

在這樣意見分裂的情況下，美國的飛機開始散發傳單。這個傳單告訴一般日本民眾說：日本正在準備接受波茨坦宣言。

這個傳單如果為軍隊撿到，一定會發動政變。

因此，我決心必須趕緊決定廟議，遂於十四日上午八時半左右把鈴木首相喊來，並命令其趕快召開會議。陸軍說下午一時方便，海軍的時間還不清楚，我認為不能拖延，故指定上午十時，後來因為種種關係改成十一時，陸海軍方面請求我開會前與元帥見面，於是我召見了皇族以外的永野、杉山、畑三元帥，以聽取其意見。三個人都以各種理由主張繼續戰爭。

我說，現在如果不接受，等於日本一度提出說要接受，而又拒絕，這不是違背國際信義了嗎？正在說服他們時，開會的時間到了，所以我就離開。

上午十一時，舉行最高戰爭指導會議和內閣會議的聯席御前會議，我在這個會議席上作了最後的引導。對此次會議，迫水的手記有記載。

接受波茨坦宣言的詔書，於十四日上午九時多我已經簽了名，因此我以為一切都確定了，可是陸軍省大概認為沒有廣播則無效，故遂出於妨害廣播的手段。

荒畑軍事課長強制近衛師團長發出假命令，森（赳）近衛師團長是個光明正大的人，因頑強抵抗其強制而被殺。於是以師團參謀總長和荒畑的名義發出假命令。

宮內省的電話線被切斷，御文庫被士兵包圍。

幸好由於轟炸，窗子的鐵扉都關著，因而士兵似不知道我在那裡。聞悉這個騷動的田中靜壹軍司令官趕來，鎮壓士兵，終於息事。

鈴木、平沼的家被放火燒掉。平沼對陸軍愛說花言巧語，但又受到陸軍的攻擊。這是由於他是一個一隻腳踏兩條船的人所致。

從八月十四日上午十一時的，決定結束戰爭之最後的御前會議，係基於昭和天皇很大決心的「天皇命令」所召集，這是此次天皇所談而公開的新事實。宣戰媾和之權是明治憲法所規定的天皇的大權。行使這個天皇的大權，希望早點結束戰爭的情況，歷歷如在我們的眼前。

還有更令我們吃驚的事實。殺了森近衛師團長，發出假命令，俾佔領皇宮，以阻止結束戰爭，這個所謂「奪取錄音片事件」，這是我們已經知道的。但此項假命令之由近衛師團參謀長（水谷一生上校）和荒畑軍事課長（應該是荒尾興功上校）聯名發出，昭和天皇這樣說，這是極其重大的事件。如果這是事實，結束戰爭的歷史，必須重新撰寫。因為荒尾軍事課長是阿南陸相所最信賴，結束戰爭前陸軍各種政略、軍略之中心軍人。佔領皇宮的計劃，如果這是正確的話，不是少數少壯軍官的「仲夏之夢」的叛亂，而是陸軍中樞所參加的「事件」。

結論

開戰時，我核可東條內閣的決定，在立憲政治之下，身為立憲君主的我，這是不得已的事。如果我只核可自己所好，自己所不好則不予核准的話，這無異是專制君主。

但結束戰爭時，情況完全不同。則廟議不能一致，鈴木首相在議論分岐中請我裁決。因此，為國家民族，我就我相信對的作了裁決，現在回想起來，我當時的想法是對的。連陸海軍的兵力極端脆弱的那時，對於無條件投降還要來個有如軍事政變的行動，對於內閣決定要開戰，如果我否決的話，你說會怎麼樣？

日本所擁有多年來鍛鍊的陸海軍精英，到時不許其「大顯身手」的話，隨時間的消逝，石油逐漸減少，艦隊動不了，如果要以人造石油來補給，幾乎得把全日本的產業投入，若是，國家只有滅亡，到此種地步，被對方作無理的要求時，國家一定滅亡，此時，唯有無條件投降。

開戰當時對於日本前途的估計既然是這樣的，對於開戰的決定如果我予以否決，國內必然陷於大內亂，我身邊的親信被殺掉，我的生命也難保。我的生死無所謂，最後還是發動狂暴的戰爭，發生數倍此次戰爭的悲劇，無法收拾戰事，日本祗有滅亡而後已。

日本各界人士對昭和天皇回憶錄的感想

陳鵬仁

對於「昭和天皇回憶錄」，我看過一九九一年元月號「文藝春秋」所刊登三十五位學者專家、作家、政治家、工商界人士，六位一般讀者的感想，四位學者的討論，和刊載於同年元月號「諸君」雜誌的一篇論文。

現在，我想根據這些感想和論文作一個綜合性的介紹。

作家杉森久英說，昭和天皇明白表示不信任的人物有石原莞爾、廣田弘毅、宇垣一成、平沼騏一郎、松岡洋右等人。其理由雖然各有所不同，但其共同點似乎都是在性格欠缺協調性，和往往要獨行其是的人物。

和平、安全保障研究所會長、京都大學名譽教授豬木正道認為，日本走上非與美英戰爭不可的道路，完全是迎合陸軍，擴大中日戰爭，締結三國同盟，支持佔領法屬印度支那半島的近衛首相的責任。與此同時，豬木很高估松岡洋右是唯一以插足越南意味著「對美宣戰」的見識。

對於昭和天皇之不信任並批評松岡洋右，日本首任駐聯合國大使加瀨俊一替松岡大抱不平。加瀨說，他與松岡非常熟，松岡的言行之引起許多誤解，固然由於其無德所導致，但加瀨卻確信松岡是個純真而熱烈的愛國者，極其崇拜昭和天皇，所以說他「可能被希特勒收買」是侮辱忠臣松岡的「酷評」。加瀨說，昭和天皇不諳美日交涉的真相，其責任應由其建言者來負。

加瀨主管當時外務省美日交涉的業務，他認為美日交涉之歸於失敗，不能責怪松岡洋右，而應該由駐美大使野村吉三郎負責任。因為野村偽稱美國總統和國務卿支持美國兩個神父和岩畔（豪雄）與井川（忠雄）所作的提案為美國政府的正式提案，並要求日本政府趕緊予以接受。此時松岡正在訪問歐洲不在日本，而近衛首相等人竟相信野村大使的話。戰後美國所公布的資料，證實該項提案不是美國政府的正式提案，而岩畔在戰後也承認說：「那是捏造的文章，如果說是美國政府的提案，（我們）相信日本會趕緊接受。」因此加瀨說，這種不正常的變態交涉，當然會失敗。

大部分人的感想，都覺得昭和天皇的「獨白」很率直、坦白、毫無私心，甚至大膽。也有人表示：昭和天皇的這個「獨白」是為了應付遠東國際軍事法庭對日本戰犯的裁判。譬如對於東條英機，昭和天皇便說了許多有利於他的話，雖然東條終於被判死刑。

日本社會黨眾議院議員，身為律師的江田五月，始終認為昭和天皇有「戰爭責任」。他覺得昭和天皇的「獨白」很有趣，但對於日本人來說，這個「獨白」沒有太大的意義。「韓國日報」駐日特派員文昌宰認為，昭和天皇有逃避戰爭責任之嫌。他說，昭和天皇稱：「當時如果我壓住主戰論，可能發生政變」，無異是要把戰爭責任推給那些激進的主戰論者。

有好幾位表示，昭和天皇對於九一八事變、偷襲珍珠港、脫離國際聯盟、溥儀等等提得很少或者根本沒提。筑波大學教授又是評論家的村松剛希望將來能出現昭和天皇有關戰爭後的「回憶錄」。

刊登於「諸君」的論文：「昭和天皇之『獨白論』的逆說」，其作者筑波大學副教授波多野澄雄對於日本投降前夕，昭和天皇說有關擬佔領皇宮……這一段，認為有誤解。他說：「以陸軍省為首的年輕幕僚，反對接受波茨坦宣言，擬包圍皇宮到獲得完全能夠維護國體的回答的時候，並以兵力隔離『和平派』要人，以謀議『政變計劃』是八月十三日晚上的事。其實行定於十四日，但以陸相、參謀總長、東部軍司令官和近衛師團長的同意為前提。惟因參謀總長梅津美治郎不贊成，而停止此項計劃。十四日上午十時，阿南（惟幾）陸相訓示說：『你們要隨便行動，把我宰了再說』，隨即召開了最後一次的御前會議。但部分年輕幕僚還是不能接受，因此佔據皇宮（的一部分），為奪取十五日將要廣播的玉音錄音帶而開始搜索，同時與近衛師團的一部分軍官一起說服森赳師團長。但森團長絕對反對這樣做，因為終於把森殺死，並著手製作偽命令。起草這個偽命令（「近衛命第五八四號」）的是陸軍省軍務局的椎崎二郎中校、近衛師團參謀古賀秀正少校和石原貞吉少校，並冠以師團長森赳的名字。荒尾（興功陸軍省）軍事課長的確曾經參與「政變計劃」，但自十四日上午阿南陸相的訓示以後，他沒有參加佔領皇宮的計劃（不破博『宮城佔據事件』）。

又，根據曾任外相，戰後代表昭和天皇和日本政府於一九四五年九月二日，在東京灣密蘇里軍艦上向盟軍簽字投降的重光葵的說法，他於十年後一九五五年九月二日，往訪當時盟軍的最高統帥麥克阿瑟元帥於紐約，麥帥曾經告訴他說，一九四五年九月二十七日，昭和天皇首次造訪麥帥曾經表示：「對於日本進行戰爭所帶來的任何事和事件，我都願意負一切責任。同時對於以我的名義所作一切軍事指揮官、軍人及政治家的行為，我都要負直接的責任。貴官對於我的命運所作的任何判斷，我都不在乎。我要負全責。」

麥帥說，他聽到昭和天皇這番話以後，非常興奮，因而幾乎欲親昭天皇一下。從此以後，麥帥說，他對於昭和天皇的尊敬之念，與日俱增。麥師又說，昭和天皇從沒對他要求過「恩惠」（favour），或者出於有失其尊嚴的行為（never lost his great sense of dignigy）。當時，麥帥以為昭和天皇是來向他求命的，所以他穿著便服，在美國大使館麥帥的客廳與昭和天皇會面。因此麥帥決定不追究昭和天皇的戰爭責任。（重光訪問麥帥的經過發表於一九九五年九月十四日的「讀賣新聞」，我根據的是木下道雄著「宮中見聞錄」）。

「昭和天皇的獨白」，正如許多學者所說，應該與遠東國際軍事法庭的日本戰犯審判有關係，這可以從昭和天皇之從炸死張作霖事件談起（戰犯裁判的起訴也以該事件無開端），以及極力替其親信辯護的事實看得出來，雖然他回憶這些事時，他已經知道盟軍決定不追訴他。

日本的最後一次御前會議

迫水久常

為日皇的話大家都哭了

八月十四日上午所召開的最後一次御前會議，是走向和平的最高峯。

平常的最高戰爭指導會議，只有六位構成員（首相、外相、陸相、海相、參謀總長和軍令部總長－譯者）和擔任事務工作的四位幹事一共十個人參加，所以列席者面前排一張長桌子。但這一天，全體閣員和平沼樞密院議長等人也參加，故總共有二十多人。由於房間不大，因此把列席面前的長桌子拿掉，而排了三排的椅子。

從日皇的坐位看來，第一排左端是鈴木首相，其隔壁是平沼樞密院議長。右端是梅津陸軍參謀總長和豐田海軍軍令部總長。閣員坐在其他的位子，但還是有順序的。當時，還有皇宮官員的座位，故他們也都在場。我們四個工作人員坐在最後一排。沒多久，日皇出來了。其後面，跟從前一樣，蓮沼侍從武官跟隨著。每個人的心中，似乎穿梭著和平與戰敗的心思，因而都垂頭喪氣。

日皇坐下以後，大家也靜靜地坐下來。瞬間，極其沈重的空氣充滿了這個小小的房間。我以內閣書記官長（相當於我國行政院秘書長—譯者）的身分，非把這個重要的御前會議的情形記錄下來不可，所以把眼睛張得有如碟子，日皇的話自不必說，每一個出席者的一舉一動，我都全神貫注，密切留意，我整個身體，變成有如耳朵。

鈴木首相站起來最敬禮，簡要報告九日御前會議以後的經過後說：

「在內閣會議，八成以上的人贊成盟國的回答，但還沒有達到全體一致的意見。以這種事勞煩陛下，臣下罪深，深致歉意。但事體重大，且急，持反對意見者在此將奉陳意見，請聽取後，請陛下再次賜下聖斷。」

說畢，鈴木首相指名阿南陸相。阿南陸相以有些彎著背的姿勢，對日皇陳述其意見，沒有新的內容。他的重點是主張再照會。他說：

「如果這樣進入終戰，恐怕不能維護國體，故請再次詳細照會盟國。如果盟國接受我們的意見，我們將不反對政府目前所進行的終戰手續。萬一對方如果不接受，我們祇有死裡求生，繼續作戰。」

日皇一一點頭，聽著阿南陸相的話。鈴木首相繼而指定梅津陸軍參謀總長。梅津總長的話與阿南陸相所說的大同小異。第三位指名豐田海軍軍令部總長。整個海軍比較傾向於和平，所以豐田總長的反對不激烈。站在體貼陸軍的立場，他表示反對以現狀進入和平。

此外還有反對論者。坐在我面前的安倍內相便是其中的一位。安倍內相贊成陸軍的意見，他好像希望在日皇面前講話，手拿著些稿子。他似乎「有備而來」，但豐田總長講完話以後，鈴木首相立刻說：「具有反對意見的只有這些」，因此安倍內相遂失去表示意見的機會。

三個陸海軍（日本的空軍分屬於陸海軍──譯者）首腦在陳述意見的時候，日皇都點著頭，但他隨即這樣說：

「好像沒有別的意見了，所以我要表示我的意見。我希望大家贊成我的意見。」

他說到這裡，但他的話，斷斷續續，有若從肚子裡擠出來的聲音。日皇之如何苦悶，連坐在最後面的我也能夠很清楚地感覺得出來。日皇帶著白色手套，他似乎一再地擦著臉上的眼淚。全體人員忍不住而哭起來，當然我也哭了。

忍不能忍的耐

日皇以曉諭大家的口吻，慢慢地這樣說道：

「（你們）三個人反對的心情我都非常瞭解，其趣旨我也明白，但我的想法與上一次（御前會議）沒有什麼兩樣。我充分衡量國內情況和國際情勢結果認為不可能繼續戰爭下去。關於維護國體的問題，好像各有不同的看法，但如果仔細看對方的回答文字，他們並沒有惡意，重要的是全體國民有沒有堅定的信念和覺悟，因此我認為我們可以接受對方的回答。對於陸軍官兵來說，解除武裝和保障佔領一定非常痛苦，無法忍受。我非常清楚這一點。我也很能瞭解國民願意為國犧牲的心情，我自己怎麼樣沒關係，但我要拯救我的國民。如果三續戰爭下去，我國將化為焦土，國民非飽嚐更多的痛苦不可。我不能目睹這種慘狀。此時，我們即使出於和平的手段，或許也不能全面信賴對方的做法，但比日本這個國家完全滅亡還有求生的餘地，從而有復興的可能。我緬懷明治天皇在三國干涉時所嚐痛苦的心情，現在要忍不能忍的耐，以期將來的恢復。將來的日本，必須重建為和平的國家，其道路雖然極其艱難而遙遠，但只要全體國民同心協力，必能達到此目的。我要與國民共同努力。想到上戰場戰死的，在國內不幸死亡的及其遺族，我不勝悲嘆。對於負傷的，遭受災害的，失去家業者今後的生活，我非常痛心。因此，任何事，我能做的，我都願意去做。國民現在什麼都不知道，所以聽到要和平一定會動搖，如果由我直接來呼籲國民是最好的方法，我願意隨時站在麥克風面前。陸海軍官兵的動搖尤其更大，陸海軍大臣要勸解他們或許很困難，故必要時，任何地方我都願意親自去說服他們。」

大家都在哭。我相信每個人都很想放聲大哭一場，惟因在日皇面前，故都壓住聲音。嗚咽形成很大聲浪，時或起伏。日皇最後這樣說：

「希望內閣立刻準備終戰詔書」。

日皇講完話之後，鈴木首相站起來道歉說：

「因為我們的力量不足致使勞煩陛下聖斷多次，非常對不起。作為臣下沒有比它更大的罪過，現在奉聞陛下訓話，日本應該前往的道路已經很清楚。我們一定遵照陛下的心情以努力於日本的重建。」

依蓮沼侍從武官的眼神，日皇悄悄的離去。大家邊抽抽嗒嗒地哭，邊行最敬禮把日皇送走。

（譯自迫水久常著「大日本帝國最後的四個月」一書）

附註：迫水久常，為曾任首相岡田啟介的女婿，鈴木內閣的書記官長，戰後當選眾議院議員兩屆後當選參議院議員，曾任國務大臣經濟企畫廳長官和郵政大臣。

附錄一　日本主要官職及其他團體職員一覽

（一）日本歷屆內閣及閣員一覽表

田中內閣（一九二七（昭和二）年四月二十日至一九二九年七月二日）

內閣總理大臣田中義一（一九二七、四、二〇—一九二七、七、二）
外務大臣（兼任）田中義一（一九二七、四、二〇—一九二七、七、二）
內務大臣鈴木喜三郎（一九二七、四、二〇—一九二八、五、四）
（兼任）田中義一（一九二八、五、四—一九二八、五、四）
望月圭介（一九二八、五、二十三—一九二九、七、二）
大藏大臣高橋是清（一九二七、四、二〇—一九二七、六、二）

三土忠造（一九二七、六、二—一九二九、七、二）
陸軍大臣白川義則（一九二七、四、二〇—一九二九、七、二）
海軍大臣岡田啟判（一九二七、四、二〇—一九二九、七、二）
司法大臣原嘉道（一九二七、四、二〇—一九二九、七、二）
文部大臣三土忠造（一九二七、四、二〇—一九二七、六、二）
水野錬太郎（一九二七、六、二—一九二八、五、二五）
勝田主計（一九二八、五、二五—一九二九、七、二）
農林大臣山本悌二郎（一九二七、四、二〇—一九二九、七、二）
商工大臣中橋德五郎（一九二七、四、二〇—一九二九、七、二）
遞信大臣望月圭介（一九二七、四、二〇—一九二八、五、二三）
久原房之助（一九二八、五、二三—一九二九、七、二）
鐵道大臣小川平吉（一九二七、四、二〇—一九二九、七、二）
拓務大臣（兼任）田中義一（一九二九、六、一〇—一九二九、七、二）

（拓務省成立於一九二九年六月十日）
內閣書記長鳩山一郎（一九二七、四、二〇—一九二九、七、二）
法制局長官前田米藏（一九二七、四、二〇—一九二九、七、二）

濱口內閣（一九二九（昭和四）年七月二日至一九三一年四月十四日）

內閣總理大臣濱口雄幸（一九二九、七、二〇—一九三一、四、十四）
（臨時代理）幣原喜重郎（一九二〇、一一、一五—一九三一、三、九）
外務大臣幣原喜重郎（一九二七、七、二—一九三一、一二、一三）
內務大臣安達謙藏（一九二七、七、二—一九三一、一二、一三）
大藏大臣井上準之助（一九二七、七、二—一九三一、一二、一三）
陸軍大臣宇垣一成（一九二七、七、二—一九三一、四、一四）
（臨時代理）阿部信行（一九三〇、六、一六—一九三〇、一二、一〇）
海軍大臣財部彪（一九二七、七、二—一九三〇、一〇、一三）

（管理事務）浜口雄幸（一九二九、一一、二六－一九三〇、五、一九）
安保清種（一九三〇、一〇、一三－一九三一、一二、三）
司法大臣渡邊千冬（一九二九、七、二－一九三一、一二、三）
文部大臣小橋一太（一九二九、七、二－一九二九、一一、二九）
田中隆三（一九二九、一一、二九－一九三一、一二、一三）
農林大臣町田忠治（一九二九、七、二－一九三一、一二、一三）
遞信大臣小泉又次郎（一九二九、七、二－一九三一、一二、一三）
鐵道大臣江木翼（一九二九、七、二－一九三一、九、一〇）
拓務大臣松田源治（一九二九、七、二－一九三一、四、一四）
班列大臣（政務委員）阿部信行（一九三〇、六、十六－一九三〇、一二、一〇）
內閣書記官長鈴木富士彌（一九二九、七、二－一九三一、四、一四）
法制局長官川崎卓吉（一九二九、七、二－一九三一、四、一四）
（卸任日期為一九三一年四月十四日以後者，表示留任於若槻內閣）

第二次若槻內閣（一九三一（昭和六）年四月十四日至一九三一年十二月十三日）

內閣總理大臣若槻禮次郎（一九三一、四、一四－一九三一、一二、一三）
外務大臣幣原喜重郎（留任，一九二九、七、二－一九三一、一二、一三）
內務大臣安達謙藏（留任，一九二九、七、二－一九三一、一二、一三）
大藏大臣井上準之助（留任，一九二九、七、二－一九三一、一二、一三）
陸軍大臣南次郎（一九三一、四、一四－一九三一、一二、一三）
海軍大臣安保清種（留任，一九二九、七、二－一九三一、一二、一三）
司法大臣渡邊千冬（留任，一九二九、七、二－一九三一、一二、一三）
文部大臣甲中隆三（留任，一九二九、七、二－一九三一、一二、一三）
農林大臣町田忠治（留任，一九二九、七、二－一九三一、一二、一三）
商工大臣櫻內幸雄（一九三一、四、一四－一九三一、一二、一三）
遞信大臣小泉又次郎（留任，一九二九、七、二－一九三一、一二、一三）
鐵道大臣江木翼（留任，一九二九、七、二－一九三一、九、一〇）

原脩次郎（一九三一、九、一〇—一九三一、一二、一三）
拓務大臣原脩次郎（一九三一、四、一四—一九三一、九、一〇）
（兼任）若槻禮次郎（一九三一、九、一〇—一九三一、一二、一三）
內閣書記官長川崎卓吉（一九三一、四、一四—一九三一、一二、一三）
法制局長官武內作平（一九三一、四、一五—一九三一、一一、一八）
齋藤隆夫（一九三一、一一、九—一九三一、一二、一三）

犬養內閣（一九三一（昭和六）年十二月十三日至一九三二年五月二十六日）

內閣總理大臣犬養毅（一九三一、一二、一三—一九三二、五、一六）
（臨時代理）高橋是清（一九三二、五、一六—一九三二、五、二六）
外務大臣犬養毅（一九三一、一二、一三—一九三二、一、一四）
芳澤謙吉（一九三二、一、一四—一九三二、五、二六）
內務大臣中橋德五郎（一九三一、一二、一三—一九三二、三、一六）
（兼任）犬養毅（一九三二、三、一六—一九三二、三、二五）

鈴木喜三郎（一九三二、三、二五—一九三二、五、二六）
大藏大臣高橋是清（一九三一、一二、一三—一九三二、七、八）
陸軍大臣荒木貞夫（一九三一、一二、一三—一九三四、一、二三）
海軍大臣大角岑生（一九三一、一二、一三—一九三三、五、二六）
司法大臣鈴木喜三郎（一九三一、一二、一三—一九三二、三、二五）
川村竹治（一九三二、三、二五—一九三二、五、二六）
文部大臣鳩山一郎（一九三一、一二、一三—一九三四、三、三）
農林大臣山本悌二郎（一九三一、一二、一三—一九三二、五、二六）
商工大臣前田米藏（一九三一、一二、一三—一九三二、五、二六）
遞信大臣三土忠造（一九三一、一二、一三—一九三二、五、二六）
鐵道大臣床次竹二郎（一九三一、一二、一三—一九三二、五、二六）
拓務大臣秦豐助（一九三一、一二、一三—一九三二、五、二六）
內閣書記官長森恪（一九三一、一二、一三—一九三二、五、二六）
法制局長官島田俊雄（一九三一、一二、一三—一九三二、五、二六）

齋藤內閣（一九三二（昭和七）年五月二十六日至一九三四年七月八日）

內閣總理大臣齋藤實（一九三二、五、二六－一九三四、七、八）
外務大臣（兼任）齋藤實（一九三二、五、二六－一九三四、七、六）
內田康哉（一九三二、七、六－一九三三、九、一四）
廣田弘毅（一九三三、九、一四－一九三六、三、九）
內務大臣山本達雄（一九三二、五、二六－一九三四、七、八）
大藏大臣高橋是清（留任，一九三一、一二、一三－一九三四、七、八）
陸軍大臣荒木貞夫（留任，一九三一、一二、一三－一九三四、一、二三）
林銑十郎（一九三四、一、二三－一九三五、九、五）
海軍大臣岡田啟介（一九三二、五、二六－一九三三、一、九）
大角岑生（一九三三、一、九－一九三六、三、九）
司法大臣小山松吉（一九三二、五、二六－一九三四、七、八）
文部大臣鳩山一郎（留任，一九三一、一二、一三－一九三四、三、三）

（兼任）齋藤實（一九三四、三、三—一九三四、七、八）
農林大臣後藤文夫（一九三二、五、二六—一九三四、七、八）
商工大臣中島久萬吉（一九三二、五、二六—一九三四、二、九）
松本烝治（一九三四、二、九—一九三四、七、八）
遞信大臣南弘（一九三二、五、二六—一九三四、七、八）
鐵道大臣三土忠造（一九三二、五、二六—一九三四、七、八）
拓務大臣永井柳太郎（一九三二、五、二六—一九三四、七、八）
內閣書記官長柴田善三郎（一九三二、五、二六—一九三三、三、一三）
堀切善次郎（一九三三、三、一三—一九三四、七、八）
法制局長官堀切善次郎（一九三二、五、二六—一九三三、三、一三）
黑崎定三（一九三三、三、一三—一九三四、七、一〇）

岡田內閣（一九三四（昭和九）年七月八日至一九三六年三月九日）

內閣總理大臣岡田啟介（一九三四、七、八—一九三六、三、九）

（臨時代理）後藤文夫（一九三六、二、二六—一九三六、二、二八）
外務大臣廣田弘毅（留任，一九三三、九、一四—一九三六、三、九）
內務大臣後藤文夫（一九三四、七、八—一九三六、三、九）
大藏大臣藤井真信（一九三四、七、八—一九三四、一一、二七）
高橋是清（一九三四、一一、二七—一九三六、二、一六）
（兼任）町田忠治（一九三六、二、二七—一九三六、三、九）
陸軍大臣林銑十郎（留任，一九三四、一、二三—一九三五、九、五）
川島義之（一九三五、九、五—一九三六、三、九）
海軍大臣大島岑生（留任，一九三三、一、九—一九三六、三、九）
司法大臣小原直（一九三四、七、八—一九三六、三、九）
文部大臣松田源治（一九三四、七、八—一九三六、一、一）
川崎卓吉（一九三六、二、二—一九三六、三、九）
農林大臣山崎達之輔（一九三四、七、八—一九三六、三、九）
商工大臣町田忠治（一九三四、七、八—一九三六、三、九）

遞信大臣床次竹二郎（一九三四、七、八－一九三五、九、八）

（兼任）岡田啟介（一九三五、九、九－一九三五、九、一二）

望月圭介（一九三五、九、一二－一九三六、三、九）

鐵道大臣內田信也（一九三四、七、八－一九三六、三、九）

拓務大臣（兼任）岡田啟介（一九三四、七、八－一九三六、三、九）

兒玉秀雄（一九三四、一〇、二五－一九三六、三、九）

內閣書記官長河田烈（一九三四、七、八－一九三四、一〇、二〇）

吉田茂（一九三四、一〇、二〇－一九三五、五、一一）

白根竹介（一九三五、五、一一－一九三六、三、一〇）

法制局長官金森德次郎（一九三四、七、一〇－一九三六、一、八）

大橋八郎（一九三六、一、八－一九三六、三、一〇）

廣田內閣（一九三六（昭和十一）年三月九日至一九三七年二月二日）

內閣總理大臣廣田弘毅（一九三六、三、九－一九三七、二、二）

外務大臣（兼任）廣田弘毅（一九三六、三、九－一九三七、四、二）
有田八郎（一九三六、四、二－一九三七、二、二）
內務大臣湖惠之輔（一九三六、三、九－一九三七、二、二）
大藏大臣馬場鍈一（一九三六、三、九－一九三七、二、二）
陸軍大臣寺內壽一（一九三六、三、九－一九三七、二、二）
海軍大臣永野修身（一九三六、三、九－一九三七、二、二）
司法大臣林賴三郎（一九三六、三、九－一九三七、二、二）
文部大臣（兼任）潮惠之輔（一九三六、三、九－一九三六、三、二五）
平生　三郎（一九三六、三、二五－一九三七、二、二）
農林大臣島田俊雄（一九三六、三、九－一九三七、二、二）
商工大臣川崎卓吉（一九三六、三、九－一九三六、三、二七）
小川鄉太郎（一九三六、三、二八－一九三七、二、二）
遞信大臣賴母木桂吉（一九三六、三、九－一九三七、二、二）
鐵道大臣前田米藏（一九三六、三、九－一九三七、二、二）

拓務大臣永田秀次郎（一九三六、三、九—一九三七、二、二）
內閣書記官長藤沼庄平（一九三六、三、一〇—一九三七、二、二）
法制局長官次田大三郎（一九三六、三、一〇—一九三七、二、二）

林內閣（一九三七（昭和十二）年二月二日至一九三七年六月四日）

內閣總理大臣林銑十郎（一九三七、二、二—一九三七、六、四）
外務大臣（兼任）林銑十郎（一九三七、二、二—一九三七、三、三）
佐藤尚武（一九三七、三、三—一九三七、六、四）
內務大臣河原田稼吉（一九三七、二、二—一九三七、六、四）
大藏大臣結城豐太郎（一九三七、二、二—一九三七、六、四）
陸軍大臣中村孝太郎（一九三七、二、二—一九三七、二、九）
杉山元（一九三七、二、九—一九三八、六、三）
海軍大臣米內光政（一九三七、二、二—一九三九、八、三〇）
司法大臣鹽野季彥（一九三七、二、二—一九三九、八、三〇）

文部大臣（兼任）林銑十郎（一九三七、二、二―一九三七、六、四）
農林大臣山崎達之輔（一九三七、二、二―一九三七、六、四）
商工大臣伍堂卓雄（一九三七、二、二―一九三七、六、四）
遞信大臣（兼任）山崎達之輔（一九三七、二、二―一九三七、六、四）
兒玉秀雄（一九三七、二、一〇―一九三七、六、四）
鐵道大臣（兼任）伍堂卓雄（一九三七、二、二―一九三七、六、四）
拓務大臣（兼任）結城豐太郎（一九三七、二、二―一九三七、六、四）
內閣書記官長大橋八郎（一九三七、二、二―一九三七、六、四）
法制局長官川越丈雄（一九三七、二、二―一九三七、六、四）

近衛內閣（一九三七年（昭和十二）年六月四日至一九三九年一月五日）

內閣總理大臣近衛文麿（一九三七、六、四―一九三九、一、五）
外務大臣廣田弘毅（一九三七、六、四―一九三八、五、二六）
宇垣一成（一九三八、五、二六―一九三八、九、三〇）

（兼任）近衛文麿（一九三八、九、三〇—一九三九、一、五）
有田八郎（一九三八、一〇、二九—一九三九、八、三〇）
內務大臣馬場鍈一（一九三七、六、四—一九三七、一二、一四）
末次信正（一九三七、一二、一四—一九三九、一、五）
大藏大臣賀屋興宣（一九三七、六、四—一九三八、五、二六）
池田成彬（一九三八、五、二六—一九三九、一、五）
陸軍大臣杉山元（留任，一九三七、二、九—一九三八、六、三）
板垣征四郎（一九三八、六、三—一九三九、八、三〇）
海軍大臣米內光政（留任，一九三七、二、二—一九三九、八、三〇）
司法大臣鹽野季彥（留任，一九三七、二、二—一九三九、八、三〇）
文部大臣安井英二（一九三七、六、四—一九三七、一〇、二二）
木戸幸一（一九三七、一〇、二二—一九三八、五、二六）
荒木貞夫（一九三八、五、二六—一九三九、八、三〇）
農林大臣有馬賴寧（一九三七、六、四—一九三九、一、五）

商工大臣吉野信次（一九三七、六、四―一九三八、五、二六）
（兼任）池田成彬（一九三八、八、五―一九三九、一、五）
遞信大臣永井柳太郎（一九三七、六、四―一九三九、一、五）
鐵道大臣中島知久平（一九三七、六、四―一九三九、一、五）
拓務大臣大谷尊由（一九三七、六、四―一九三八、六、二五）
（兼任）宇垣一成（一九三八、六、二五―一九三八、九、三〇）
（兼任）近衛文麿（一九三八、九、三〇―一九三八、一〇、二九）
（兼任）八田嘉明（一九三八、一〇、二九―一九三九、一、五）
厚生大臣（兼任）木戸幸一（一九三八、一、一一―一九三八、五、二六）
木戸幸一（一九三八、五、二六―一九三九、一、五）
（一九三八年一月十一日設立厚生省）
內閣書記官長風見章（一九三七、六、四―一九三九、一、五）
法制局長官瀧正雄（一九三七、六、四―一九三七、一〇、二五）
船田中（一九三七、一〇、二五―一九三九、一、五）

企劃院總裁瀧正雄（一九三七、一〇、二五—一九三九、一、五）

（一九三七年十月二十五日成立企畫院）

平沼內閣（一九三九（昭和十四）年一月五日至同年八月三十日）

內閣總理大臣平沼騏一郎（一九三九、一、五—一九三九、八、三〇）

外務大臣有田八郎（留任，一九三八、一〇、二九—一九三九、八、三〇）

內務大臣木戶幸一（一九三九、一、五—一九三九、八、三〇）

大藏大臣石渡莊太郎（一九三九、一、五—一九三九、八、三〇）

陸軍大臣板垣征四郎（留任，一九三八、六、三—一九三九、八、三〇）

海軍大臣米內光政（留任，一九三七、二、二—一九三九、八、三〇）

司法大臣鹽野季彥（留任，一九三七、二、二—一九三九、八、三〇）

文部大臣（兼任）荒木貞夫（留任，一九三八、五、二六—一九三九、八、三〇）

農林大臣櫻內幸雄（一九三九、一、五—一九三九、八、三〇）

商工大臣八田嘉明（一九三九、一、五—一九三九、八、三〇）

遞信大臣（兼任）鹽野季彥（一九三九、一、五—一九三九、四、七）
田邊治通（一九三九、四、七—一九三九、八、三〇）
鐵道大臣前田米藏（一九三九、一、五—一九三九、八、三〇）
拓務大臣（兼任）八田嘉明（一九三九、一、五—一九三九、四、七）
小磯國昭（一九三九、四、七—一九三九、八、三〇）
厚生大臣廣瀨久忠（一九三九、一、五—一九三九、八、三〇）
無任所（政務委員）近衛文麿（一九三九、一、五—一九三九、八、三〇）
內閣書記官長田邊治通（一九三九、一、五—一九三九、四、七）
太田耕造（一九三九、四、七—一九三九、八、三〇）
法制局長官黑崎定三（一九三九、一、五—一九三九、八、三〇）
企畫院總裁青木一男（一九三九、一、五—一九三九、八、三〇）

阿部內閣（一九三九（昭和十四）年八月三十日至一九四〇年一月十六日）

內閣總理大臣阿部信行（一九三九、八、三〇—一九四〇、一、一六）

外務大臣（兼任）阿部信行（一九三九年、八、三〇—一九三九、九、二五）
野村吉三郎（一九三九、九、二五—一九四〇、一、一六）
內務大臣小原直（一九三九、八、三〇—一九四〇、一、一六）
大藏大臣青木一男（一九三九、八、三〇—一九四〇、一、一六）
陸軍大臣畑俊六（一九三九、八、三〇—一九四〇、一、一六）
海軍大臣吉田善吾（一九三九、八、三〇—一九四〇、一、一六）
司海大臣宮城長五郎（一九三九、八、三〇—一九四〇、一、一六）
文部大臣河原田稼吉（一九三九、八、三〇—一九四〇、一、一六）
農林大臣伍堂卓雄（一九三九、八、三〇—一九四〇、一、一六）
酒井忠正（一九三九、八、三〇—一九四〇、一、一六）
商工大臣（兼任）伍堂卓雄（一九三九、八、三〇—一九四〇、一、一六）
伍堂卓雄（一九三九、一〇、一六—一九四〇、一、一六）
遞信大臣永井柳太郎（一九三九、八、三〇—一九四〇、一〇、一六）
鐵道大臣（兼任）永井柳太郎（一九三九、八、三〇—一九三九、一一、二九）

永田秀次郎（一九三九、一一、二九—一九四〇、一、一六）
拓務大臣金光庸夫（一九三九、八、三〇—一九四〇、一、一六）
厚生大臣（兼任）小原直（一九三九、八、三〇—一九三九、一一、二九）
秋田清（一九三九、一一、二九—一九四〇、一、一六）
書記官長遠藤柳作（一九三九、八、三〇—一九四〇、一、一六）
法制局長官唐澤俊樹（一九三九、八、三〇—一九四〇、一、一六）

米內內閣（一九四〇（昭和十五）年一月十六日至一九四〇年七月二十二日）

內閣總理大臣米內光政（一九四〇、一、一六—一九四〇、七、二二）
外務大臣有田八郎（一九四〇、一、一六—一九四〇、七、二二）
內務大臣兒玉秀雄（一九四〇、一、一六—一九四〇、七、二二）
大藏大臣櫻內幸雄（一九四〇、一、一六—一九四〇、七、二二）
陸軍大臣畑俊六（留任，一九三九、八、三〇—一九四〇、七、二二）
海軍大臣吉田善吾（留任，一九三九、八、三〇—一九四〇、七、二二）

司法大臣木村尚達（一九四〇、一、一六－一九四〇、七、二二）
文部大臣松浦鎮次郎（一九四〇、一、一六－一九四〇、七、二二）
農林大臣島田俊雄（一九四〇、一、一六－一九四〇、七、二二）
商工大臣藤原銀次郎（一九四〇、一、一六－一九四〇、七、二二）
遞信大臣勝正憲（一九四〇、一、一六－一九四〇、七、二二）
鐵道大臣松野鶴平（一九四〇、一、一六－一九四〇、七、二二）
拓務大臣小磯國昭（一九四〇、一、一六－一九四〇、七、二二）
厚生大臣吉田茂（一九四〇、一、一六－一九四〇、七、二二）
內閣書記官長石渡莊太郎（一九四〇、一、一六－一九四〇、七、二二）
法制局長官廣瀨久忠（一九四〇、一、一六－一九四〇、七、二二）

近衛第二次內閣（一九四〇（昭和十五）年七月二十二日至一九四一年七月十八日）

內閣總理大臣近衛文麿（一九四〇、七、二二－一九四一、七、一八）
外務大臣松岡洋右（一九四〇、七、二二－一九四一、三、一二）

（管理事務）近衛文麿（一九四一、三、一二—一九四一、四、二三）
內務大臣安井英二（一九四〇、七、二三—一九四〇、一二、二一）
平沼騏一郎（一九四〇、一二、二一—一九四一、七、一八）
大藏大臣河田烈（一九四〇、七、二三—一九四一、七、一八）
陸軍大臣東條英機（一九四〇、七、二三—一九四一、七、一八）
海軍大臣吉田善吾（留任，一九三九、八、三〇—一九四〇、九、五）
及川古志郎（一九四〇、九、五—一九四一、七、一八）
司法大臣風見章（一九四〇、七、二三—一九四〇、一二、二一）
柳川平助（一九四〇、一二、二一—一九四一、七、一八）
文部大臣橋田邦彥（一九四〇、七、二三—一九四一、七、一八）
農林大臣（兼任）近衛文麿（一九四〇、七、二二—一九四〇、七、二四）
石黑忠篤（一九四〇、七、二四—一九四一、六、一一）
井野碩哉（一九四一、六、一一—一九四一、七、一八）
商工大臣小林一三（一九四〇、七、二二—一九四一、四、四）

豐田貞次郎（一九四一、四、四－一九四一、七、一八）
遞信大臣村田省藏（一九四〇、七、二二－一九四一、七、一八）
鐵道大臣（兼任）村田省藏（一九四〇、七、二二－一九四一、九、二八）
小川鄉太郎（一九四〇、九、二二－一九四一、七、一八）
拓務大臣（兼任）松岡洋右（一九四〇、七、二二－一九四一、九、二八）
秋田清（一九四〇、九、二八－一九四一、七、一八）
厚生大臣（兼任）安井英二（一九四〇、七、二二－一九四一、九、二八）
金光庸夫（一九四〇、九、二八－一九四一、七、一八）
國務大臣平沼騏一郎（一九四〇、一二、六－一九四〇、一二、二一）
星野直樹（一九四〇、一二、六－一九四一、四、四）
小倉正恆（一九四一、四、二－一九四一、七、一八）
鈴木貞一（一九四一、四、四－一九四一、七、一八）
班列（政務委員）星野直樹（一九四〇、一二、六－一九四一、七、一八）
內閣書記官長富田建治（一九四〇、七、二二－一九四一、七、一八）

法制局長官村瀨直養（一九四〇、七、二二—一九四一、七、一八）

近衛第三次內閣（一九四一（昭和十六）年七月十八日至一九四一年十月十八日）

內閣總理大臣近衛文麿（一九四一、七、一八—一九四一、一〇、一八）
外務大臣豐田貞次郎（一九四一、七、一八—一九四一、一〇、一八）
內務大臣田邊治通（一九四一、七、一八—一九四一、一〇、一八）
大藏大臣小倉正恆（一九四一、七、一八—一九四一、一〇、一八）
陸軍大臣東條英機（東任，一九四〇、七、二二—一九四一、一〇、一八）
海軍大臣及川古志郎（留任，一九四〇、九、五—一九四一、一〇、一八）
司法大臣（兼任）近衛文麿（一九四一、七、一八—一九四一、七、二五）
岩村通世（一九四一、七、二五—一九四一、一〇、一八）
文部大臣橋田邦彥（留任，一九四〇、七、二二—一九四一、一〇、一八）
農林大臣井野碩哉（留任，一九四一、六、一一—一九四一、一〇、一八）
商工大臣左近司政（一九四一、七、一八—一九四一、七、一八）

遞信大臣村田省藏（留任，一九四〇、七、二二—一九四一、一〇、一八）
鐵道大臣（兼任）村田省藏（一九四一、七、一八—一九四一、一〇、一八）
拓務大臣（兼任）豐田貞次郎（一九四一、七、一八—一九四一、一〇、一八）
厚生大臣小泉親彥（一九四一、七、一八—一九四一、一〇、一八）
國務大臣平沼騏一郎（一九四一、七、一八—一九四一、一〇、一八）
鈴木貞一（留任，一九四一、四、四—一九四一、一〇、一八）
柳川平助（一九四一、七、一八—一九四一、一〇、一八）
內閣書記官長富田健治（留任，一九四〇、七、二二—一九四一、一〇、一八）
法制局長官村瀨直養（留任，一九四〇、七、二二—一九四一、一〇、一八）

東條內閣（一九四一（昭和十六）年十月十八日至一九四四年七月二十二日）

內閣總理大臣東條英機（一九四一、一〇、一八—一九四四、七、二二）
外務大臣東鄉茂德（一九四一、一〇、一八—一九四二、九、一）

（兼任）東條英機（一九四二、九、一―一九四二、九、一七）
谷正之（一九四二、九、一七―一九四三、四、二〇）
重光葵（一九四三、四、二〇―一九四四、七、二二）
內務大臣（兼任）東條英機（一九四一、一〇、一八―一九四二、二、一七）
湯澤三千男（一九四二、二、一七―一九四三、四、二〇）
安藤紀三郎（一九四三、四、二〇―一九四四、七、二二）
大藏大臣賀屋興宣（一九四一、一〇、一八―一九四四、七、二二）
陸軍大臣東條英機（一九四一、一〇、一八―一九四四、七、二二）
海軍大臣嶋田繁太郎（一九四一、一〇、一八―一九四四、七、一七）
野村直邦（一九四四、七、一七―一九四四、七、二二）
司法大臣野村通世（留任，一九四一、七、二五―一九四四、七、二二）
文部大臣橋田邦彥（留任，一九四〇、七、二二―一九四三、四、二〇）
（兼任）東條英機（一九四三、四、二〇―一九四三、四、二三）
岡田長景一九四三、四、二三―一九四四、七、二二）

農林大臣井野碩哉（留任，一九四一、六、一一—一九四三、四、二〇）
山崎達之輔（一九四三、四、二〇—一九四三、一一、一）
商工大臣岸信介（一九四三、一〇、八—一九四三、一〇、一八）
（兼任）東條英機（一九四三、一〇、八—一九四三、一一、一）
遞信大臣寺島健（一九四一、一〇、八—一九四三、一〇、一八）
（兼任）八田嘉明（一九四三、一〇、八—一九四三、一一、一）
鐵道大臣（兼任）寺島健（一九四一、一〇、八—一九四一、一二、二）
八田嘉明（一九四一、一二、二—一九四三、一一、一）
拓務大臣（兼任）東鄉茂德（一九四一、一〇、八—一九四一、一二、二）
（兼任）井野碩哉（一九四一、一二、二—一九四二、一一、一）
厚生大臣青木一男（一九四二、一一、一—一九四四、七、二二）
（一九四二年十一月一日廢止拓務省，設立大東亞省）
農商大臣山崎達之輔（一九四三、一一、一—一九四四、二、一九）
內田信也（一九四四、二、一九—一九四四、七、二二）

軍需大臣（兼任）東條英機（一九四三、一一、一－一九四四、七、二二）
（一九四三年十一月一日廢止農林、工商省，改設農商、軍需二省）
運輸通信大臣八田嘉明（一九四三、一一、一－一九四四、二、一九）
五島慶太（一九四三、二、一九－一九四四、七、二二）
（一九四三年十一月一日廢止遞信、鐵道二省，並設立運輸通信省）
國務大臣鈴木貞一（留任，一九四一、四、四－一九四四、七、一二）
安藤紀三郎（一九四二、六、九－一九四三、四、二〇）
青木一男（一九四二、九、一七－一九四二、一一、一）
大麻唯男（一九四三、四、二〇－一九四四、七、二二）
後藤文夫（一九四三、五、二六－一九四四、七、二二）
岸信介（一九四三、一一、一七－一九四四、七、二二）
內閣書記長官星野直樹（一九四一、一〇、一八－一九四四、七、二二）
法制局長官森山鋭一（一九四一、一〇、一八－一九四四、七、二二）

小磯內閣（一九四四（昭和十九）年七月二十二日至一九四五年四月七日）

內閣總理大臣小磯國昭（一九四四、七、二二—一九四五、四、七）
外務大臣重光葵（留任，一九四三、四、二〇—一九四五、四、七）
內務大臣大達茂雄（一九四四、七、二二—一九四五、四、七）
大藏大臣石渡莊太郎（留任，一九四四、二、一九—一九四五、二、二一）
津島壽（一九四五、二、二一—一九四五、四、七）
陸軍大臣杉山元（一九四四、七、二二—一九四五、四、七）
海軍大臣米內光政（一九四四、七、二二—一九四五、四、七）
司法大臣松阪廣政（一九四四、七、二二—一九四五、四、七）
文部大臣二宮治重（一九四四、七、二二—一九四五、二、一〇）
兒玉秀雄（一九四五、二、一〇—一九四五、四、七）
厚生大臣廣瀨久忠（一九四四、七、二二—一九四五、二、一〇）
相川勝六（一九四四、二、一〇—一九四五、四、七）

大東亞大臣（兼任）重光葵（一九四四、七、二二—一九四五、四、七）
農商大臣島田俊雄（一九四四、七、二二—一九四五、四、七）
軍需大臣藤原銀次郎（一九四四、七、二二—一九四四、一二、一九）
吉田茂一（一九四四、一二、一九—一九四五、四、七）
運輸通信大臣前田米藏（一九四四、七、二二—一九四五、四、七）
國務大臣町田忠治（一九四四、七、二二—一九四五、四、七）
兒玉秀雄（一九四四、七、二二—一九四五、二、一〇）
緒方竹虎（一九四四、七、二二—一九四五、四、七）
小林躋造（一九四四、一二、一九—一九四五、三、一）
廣瀨久忠（一九四五、二、一〇—一九四五、二、二一）
石渡莊太郎（一九四四、二、二一—一九四五、四、七）
內閣書記長（兼任）三浦一雄（一九四四、七、二二—一九四四、四、二九）
田中武雄（一九四四、七、二九—一九四五、二、一〇）
（兼任）廣瀨久忠（一九四五、二、一〇—一九四五、二、二一）

（兼任）石渡莊太郎（一九四五、二、二一—一九四五、四、七）
法制局長官三浦一雄（一九四四、七、二二—一九四五、四、七）

鈴木內閣（一九四五（昭和二十）年四月七日至一九四五年八月十七日）

內閣總理大臣鈴木貫太郎（一九四五、四、七—一九四五、八、一七）
外務大臣（兼任）鈴木貫太郎（一九四五、四、七—一九四五、四、九）
東鄉茂德（一九四五、四、九—一九四五、八、一七）
內務大臣安倍源基（一九四五、四、七—一九四五、八、一七）
大藏大臣廣瀨豐作（一九四五、四、七—一九四五、八、一七）
陸軍大臣阿南惟幾（一九四五、四、七—一九四五、八、一五）
海軍大臣米內光政（留任，一九四四、七、二二—一九四五、八、一七）
司法大臣松阪廣政（留任，一九四四、七、二二—一九四五、八、一七）
文部大臣太田耕造（一九四五、四、七—一九四五、八、一七）
厚生大臣岡田忠彥（一九四五、四、七—一九四五、八、一七）

大東亞大臣（兼任）鈴木貫太郎（一九四五、四、七—一九四五、四、九）
（兼任）東鄉茂德（一九四五、四、九—一九四五、八、一七）
農商大臣石黑忠篤（一九四五、四、七—一九四五、八、一七）
軍需大臣豐田貞次郎（一九四五、四、七—一九四五、八、一七）
運輸通信大臣（兼任）豐田貞次郎（一九四五、四、七—一九四五、四、一一）
小田山直登（一九四五、四、一一—一九四五、五、一九）
運輸大臣小日山直登（一九四五、五、一九—一九四五、八、一七）
（一九四五年五月十九日廢止運輸通信省，改設運輸省）
國務大臣下村定（一九四五、四、七—一九四五、八、一七）
櫻井兵五郎（一九四五、四、七—一九四五、八、一七）
左近司政三（一九四五、四、七—一九四五、八、一七）
安井藤治（一九四五、四、一一—一九四五、八、一七）
內閣書記官長迫水久常（一九四五、四、七—一九四五、八、一七）
法制局長官村瀨直養（一九四五、四、七—一九四五、八、一七）

（二）日本皇宮主要官員一覽表

一九二八年（昭和三）年一月至一九三〇年十二月

（姓名下方或左方數字是上任日期，以下同）

官職	一九二八年	一九二九年	一九三〇年
內大臣	牧野伸顯	同上	同上
內大臣秘書官長		岡部長景（二、一四）	木戶幸一（一〇、二八）
宮內大臣	一木喜德郎		
宮內次官	關屋貞三郎	同上	同上
侍從長	珍田捨巳	鈴木貫太郎	同上
侍從武官長	奈良武次	同上	同上
樞密院議長	倉富勇三郎	同上	同上
同副議長	平沼騏一郎	同上	同上
同書記官長	三上兵治	同上	同上

一九三一年一月至一九三三年一月底

官職	一九三一年	一九三二年	一九三三年
內大臣	牧野伸顯	同上	同上
內大臣秘書官長	木戸幸一	同上	同上
宮內大臣	一木喜德郎	同上	同上
宮內次官	關屋貞三郎	同上	同上
樞密院議長	倉富勇三郎	同上	同上
樞密院副議長	平沼騏一郎	同上	同上
樞密院書記官長	三上兵治	同上	同上
侍從長	鈴木貫太郎	同上	同上
侍從武官長	奈良武次	同上	同上

一九三三年一月至一九三四年七月底

官職	一九三三年	一九三四年
內大臣	牧野伸顯	同上
內大臣秘書官長	木戸幸一	同上
宮內大臣	一木喜德郎　湯淺倉平（二、一五）	同上
宮內次官	關屋貞三郎　大谷正男（二、二七）	同上
樞密院議長	倉富勇三郎	同上
樞密院副議長	平沼騏一郎	同上
樞密院書記官長	三上兵治	村上恭一（六、一五）
侍從長	鈴木貫太郎	同上
侍從武官長	奈良武次　本庄繁（四、六）	同上

一九三四年七月至一九三六年二月底

官職	一九三四年	一九三五年	一九三六年
內大臣	牧野伸顯	齋藤實（一二、二六）	同上
內大臣秘書官長	木戸幸一	同上	同上
宮內大臣	湯淺倉平	同上	同上
宮內次官	大谷正勇	同上	同上
樞密院議長	一木喜德郎	同上	同上
樞密院副議長	平沼騏一郎	同上	同上
樞密院書記官長	村上恭一	同上	同上
侍從長	鈴木貫太郎	同上	同上
侍從武官長	本庄繁	同上	同上

一九三六年二月至一九三八年六月底

官職	一九三四年	一九三五年	一九三六年
內大臣	齋藤實 湯淺倉平（三、六）	同上	同上
內大臣秘書官長	木戸幸一 松平康昌（六、一三）	同上	同上
宮內大臣	湯淺倉平 松平恆雄（三、六）	同上	同上
宮內次官	大谷正勇 白根松介（三、一三）	同上	同上
樞密院議長	一木喜德郎 平沼騏一郎（三、一三）	同上	同上
樞密院副議長	平沼騏一郎 荒井賢太郎（三、一三）	同上	同上
樞密院書記官長	村上恭一	同上	同上
侍從長	鈴木貫太郎 百武三郎（一一、二〇）	同上	同上
侍從武官長	本庄繁 宇佐美興屋（三、二三）	同上	同上

一九三八年五月至一九四〇年十一月底

官職	一九三八年	一九三九年	一九四〇年
內大臣	湯淺倉平	同上	木戶幸一（六、一）
內大臣秘書官長	松平康昌	同上	同上
宮內大臣	松平恆雄	同上	同上
宮內次官	白本松介	同上	同上
樞密院議長	平沼騏一郎	近衛文麿（一、五）	原嘉道（六、二四）
樞密院副議長	原嘉道	同上	鈴木貫太郎（六、二四）
樞密院書記官長	村上恭一	同上	同上
侍從長	百武三郎	同上	同上
侍從武官長	宇佐美興屋	畑俊六（五、二五）	同上

一九四一年一月至一九四三年十二月底

官職	內大臣	宮內大臣	樞密院議長
一九四一年	木戶幸一	松平恆雄	原嘉道
一九四二年	同上	同上	同上
一九四三年	同上	同上	同上

一九四四年一月至一九四七年五月底

官職	內大臣	宮內大臣	樞密院議長
一九三八年	木戶幸一	松平恆雄	鈴木貫太郎
一九三九年		石渡荘太郎（六、四）	平沼騏一郎（四、九） 鈴木貫太郎（一二、一五）
一九四〇年		松平慶民（一、一六） （一九四七、五、二廢止）	清水澄（六、一三） （一九四七、五、二廢止）

（三）日本貴眾兩院議長、副議長一覽表

一九二八（昭和三）年一月至一九三〇年十二月底

官職	一九二八年	一九二九年	一九三〇年
貴族院議長	德川家康	同上	同上
貴族院副議長	蜂須賀正韶	同上	同上
眾議院議長	森田茂 元田肇（四、二一）	川原茂輔（三、一五） 堀切善兵衛（二、二三）	藤澤幾之輔（四、二一）
眾議院副議長	松浦五兵衛 清賴一郎（四、二三）	同上	小山松壽（四、二一）

一九三一年一月至一九三三年一月底

官職	一九三一年	一九三二年	一九三三年
貴族院議長	德川家康	同上	同上
貴族院副議長	蜂須賀正韶 近衛文麿（一、一六）	同上	同上
眾議院議長	藤澤幾之輔 中村啟次郎（一二、二三）	秋田清（三、一八）	同上
眾議院副議長	小山松壽 增田義一（一二、二三）	植原悅二郎（三、一八）	同上

一九三三年一月至一九三五年二月底

官職	一九三三年	一九三四年	一九三五年
貴族院議長	德川家康 近衛文麿（六、九）	同上	同上
貴族院副議長	近衛文麿 松平賴壽（六、九）	同上	同上
眾議院議長	秋田清	浜田國松（一二、二四）	同上
眾議院副議長	植原悅二郎	同上	同上

一九三六年二月至一九三七年五月底

官職	一九三六年	一九三七年
貴族院議長	近衛文麿	同上松平賴壽六、一七）
貴族院副議長	松平賴壽	同上佐佐木行忠（六、一七）
眾議院議長	浜田國松 富田幸次郎（五、一）	同上
眾議院副議長	植原悅二郎 岡田忠彥（五、一）	同上

一九三七年六月至一九三八年六月底

官職	一九三七年	一九三八年	一九三五年
貴族院議長	近衛文麿 松平賴壽（六、一七）	同上	同上
貴族院副議長	松平賴壽 佐佐木行忠	同上	同上
眾議院議長	富田幸次郎 小山松壽（七、二三）	同上	同上
眾議院副議長	岡田忠彥 金光庸夫（七、二三）	同上	同上

一九三九年六月至一九四〇年十一月底

官職	一九三九年	一九四〇年
貴族院議長	松平賴壽	同上
貴族院副議長	佐佐木行忠	同上
眾議院議長	小山松壽	同上
眾議院副議長	金光庸夫 田子一民（一二、一三）	同上

（四）日本各政黨主要幹部一覽表

一九三〇（昭和五）年九月一日

立憲民政黨

總裁	濱口幸雄
總務（常委）	原脩次郎、横山金太郎、武內作平、鵜澤宇八、八木逸郎、牧山耕藏、增田義一、小西和、櫻內幸雄
幹事長	富田幸次郎
顧問	若槻禮次郎、山本達雄、武富時敏、江木翼、片岡直溫、藤澤幾之輔、井上準之助、安達謙藏、町田忠治、小橋一太、加藤政之助、大津淳一郎、菅原通敬

立憲政友會

總裁	犬養毅
代理總裁	高橋是清
總務委員	山本悌二郎、鳩山一郎、秦豐助、熊谷直、東武、瀧正雄、山口義、島田俊雄、秋田清、山崎達之輔、松野鶴平
幹事長	森恪
政務調查會長	山本條太郎
顧問	元田肇、岡崎邦輔、水野錬太郎、鈴木喜三郎、高橋光威、木下成太郎、前田米藏、廣岡宇一郎、若宮貞夫、內田信也、鵜澤總明、田邊熊一、小久保喜七、川村竹治、宮田光雄、井上孝哉

國民同志會

會長	武藤山治
幹事	千葉三郎

革新黨

幹事	大竹貫一

社會民眾黨

中央執行委員長	安部磯雄
書記長	赤松克麿

勞農黨

中央執行委員	大山郁夫
書記兼會計	細迫兼光

全國大衆黨

中央執行委員議長	麻生久
書記長	三輪壽壯

一九三一年八月

立憲政友會

總裁	犬養毅
代理總裁	高橋是清

總務委員	森恪、內田信也、植原悅二郎、東武、加藤条四郎、山口義一、岡田忠彥、秋田清、山崎達之輔、松野鶴平
幹事長	久原房之助
政務調查會長	山本條太郎

立憲民政黨

總裁	若槻禮次郎
總務	賴母木桂吉、一柳仲次郎、原夫次郎、本田恆之、戶井嘉作、川崎克、添田敬一郎、永井柳太郎、中野正剛、村松恆一郎
幹事長	山道襄一
政務調查會長	增田義一

社會民眾黨

中央執行委員	安部磯雄
書記長	赤松克麿
中央執行委員	島中雄三、片山哲、小池四郎、為藤五郎、松岡駒吉、松永義雄、龜井貴一郎、瀧川末一、小山壽夫、堀內長榮、西尾末廣、米窪滿亮、井村保太郎、渡邊善壽、吉川末次郎、松下芳男、山崎一雄、伊藤卯四郎

全國勞農大眾黨

書記長	麻生久
中央執行委員	三輪壽壯、河野密、田所輝明、宮崎龍介、淺沼稻次郎、鈴木茂三郎、阿部茂夫、平野學、田部井健次、中村高一、山崎劍二、石原美行、森田喜一郎、室伏高信

國民同志會

會長	武藤山治

一九三二年八月

立憲政友會

總裁	鈴木喜三郎
代理總裁	高橋是清
總務委員	久原房之助、青木精一、田邊七六、熊谷巖、岡田伊太郎、田邊熊一、浜田國松　清水銀藏　土井權大　河上哲太、內野辰次郎、村田虎之助
幹事長	山口義一
政務調查會長	山崎達之輔

立憲民政黨

總裁	若槻禮次郎
總務	町田忠治、小川鄉太郎、川崎卓吉、原夫次郎、山本厚三、牧山耕藏、小西和、小坂順造、木檜三四郎、廣瀨德藏
幹事長	小山松壽
政務調查會長	添田敬一郎

國民同盟準備委員會（一九三二年七月成立）

委員長	安達謙藏
常務委員	井上剛一、中野正剛、山道襄一、小池仁郎、佐藤啟、清瀨一郎

社會大眾黨（一九三二年七月組織）

中央執行委員	長安部磯雄
書記長	麻生久
中央執行委員	田所輝明等一百〇六人。

日本國家社會黨（一九三二年四月組織）

黨務長	赤松克麿
常任中央執行委員	小池四郎、馬島僩、野口榮治、望月源治、山名義鶴、陶山篤太郎、安藝盛、平野力三、今井等、山元金次郎

一九三二年八月

立憲政友會

總裁	鈴木喜三郎
代理總裁	高橋是清
總務	中島知久平、今井健彥、志賀和多利、木下成太郎、田邊熊一、濱田國松、清水銀藏、島田俊雄、中谷貞賴、松野鶴平、山崎達之輔
幹事長	山口義一
政務調查會長	前田米藏

立憲民政黨

總裁	若槻禮次郎

總務	原脩次郎、片岡直溫、俵孫一、賴母木桂吉、八木逸郎、小山松壽、櫻井兵五郎、鈴木富士彌、川崎卓吉、田中隆三
幹事長	松田原治
政務調查會長	川崎克

國民同盟

委員長	安達謙藏
幹事長	山道襄一
總務	中野正剛、古屋慶隆、小池仁郎、清瀨一郎、井上剛一、野田文一郎、小山谷藏、加藤鯛一、菊池良一

社會大眾黨

中央執行委員長	安部磯雄
書記長	麻生久

一九三四年九月

立憲政友會

總裁	鈴木喜三郎
代理總裁	高橋是清
總務委員	安藤正純、東武、高橋熊次郎、高見之通、加藤粂四郎、山口義一、岡田忠彥、河上哲太、野田俊作、金光庸夫、胎中楠右衛門
幹事長	若宮貞夫
政務調查會長	砂田重政

立憲民政黨

總裁	若槻禮次郎
總務	富田幸次郎、川崎克、高田耘平、添田敬一郎、山本厚三、前田房之助、櫻內幸雄、平川松太郎、賴母木桂吉、川崎卓吉、櫻井平五郎
幹事長	大麻唯男
政務調查會長	俵孫一

國民同盟

總裁	安達謙藏
總務	山道襄一、中野正剛　古屋慶隆、清瀨一郎、井上剛一、小池仁野、野田文一郎、小山谷藏、菊池良一
幹事長	加藤鯛一

社會大眾黨

中央執行委員長	安部磯雄
書記長	麻生久

一九三五年九月

立憲政友會

總裁	鈴木喜三郎
總務委員	安藤正純、田邊七六、堀切善兵衛、田子一民、豬野毛利榮、大口喜六、森田政義、島田俊雄、生田和平、金光庸夫、東鄉實
幹事長	松鶴野平
政務調查會長	若宮貞夫

立憲民政黨

總裁	町田忠治
總務	賴母木桂吉、太田政弘、小川鄉太郎、大麻唯男、勝田永吉、武富濟、田中武雄、中島彌團次、鵜澤宇八、內崎作三郎
幹事長	川崎卓吉
政務調查會長	永井柳太郎

國民同盟

總裁	安達謙藏
總務	風見章、中村繼男、野田文一郎、小山谷藏
幹事長	清瀨一郎

社會大眾黨

中央執行委員長	安部磯雄
書記長	麻生久

一九三六年九月
立憲政友會

總裁	町田忠治
總務	櫻內幸雄、一宮房治郎、加藤鯛一、工藤鐵男、八並武治、松村謙三、木檜三四郎、小坂順造、齋藤隆夫、一松定吉
幹事長	永井柳太郎
政務調查會長	山道襄一

立憲民政黨

總裁	鈴木喜三郎
總務	鳩山一郎、中島知久平、堀切善兵衛、浜田國松、若宮貞夫、松野鶴平
幹事長	安藤正純
政務調查會長	砂田重政

國民同盟

總裁	安達謙藏
幹事長	清瀨一郎
總務	風見章、由谷義治、伊禮肇

昭和會

長老	內田信也、山崎達之輔、望月圭介

社會大眾黨

中央執行委員長	安部磯雄
書記長	麻生久

一九三七年九月

立憲民政黨

總裁	町田忠治

總務	小川鄉太郎、大麻唯男、川崎克、高田耘平、田中武雄、山本厚三、平川松太郎、野村嘉六
幹事長	小泉又次郎
政務調查會長	櫻井兵五郎

立憲政友會

總裁	從缺
代行委員	鳩山一郎、前田米藏、島田俊雄、中島知久平
總務委員	安藤正純、今井健彥、志賀和多利、板谷順助、植原悅二郎、倉元要一、福井甚三、多川侃市、砂田重政、清瀨規矩雄、東鄉實
幹事長	松野鶴平
政務調查會長	大口喜六

國民同盟

總裁	安達謙藏
幹事長	清瀨一郎
總務	野中徹也、伊禮肇

東方會

主宰	中野正剛
幹事長	三浦虎雄

社會大眾黨

中央執行委員長	安部磯雄
書記長麻生久	麻生久

一九三八年九月

立憲民政黨

總裁	町田忠治
總務	漢那憲和、賴母木桂吉、堤康次郎、小泉又次郎、手代木隆吉、櫻井兵五郎、作田高太郎、平野光雄
幹事長	勝正憲
政務調查會長	松村謙三

立憲政友會

代行委員	鳩山一郎、前田米藏、島田俊雄、中島知久平、（總裁從缺）

總務委員	堀切善兵衛、松村光三、鈴木英雄、高橋熊次郎、土倉宗明、大口喜六、上田孝吉、岡田忠彥、西村茂生、松野鶴平、原口切太郎
幹事長	砂田重政
政務調查會長	東鄉實

國民同盟

總裁	安達謙藏
幹事長	清瀨一郎
總務	野中徹也、伊禮肇

東方會

主宰	中野正剛
幹事長	由谷義治

社會大眾黨

中央執行委員長	安部磯雄
書記長麻生久	麻生久

一九三九年九月

立憲民政黨（一九四〇年八月十五日解散）

總裁	町田忠治

總務	小川鄉太郎、太田弘政、勝正憲、田中武雄、多田滿長、永井柳太郎、中島彌團次、松田正一
幹事長	內崎作三郎
政務調查會長	前田房之助

立憲政友會　正統派（一九四〇年七月十六日解散）

總裁	久原房之助
總務	安藤正純、鈴木英雄、板谷順助、大口喜六、植原悅二郎、松山常次郎、若宮貞夫、森田福市、宮脇長吉、松野鶴平、原口切太郎、川村竹治、鳩山一郎
幹事長	岡田忠彥
政務調查會長	蘆田均

立憲政友會革新派（一九四〇年七月三十日解散）

總裁	中島知久平
最高顧問	前田米藏、島田俊雄、小久保喜八、堀切善兵衛
總務委員	横川重治、川島正次郎、田子一民、西方利馬、土倉宗明、匹田銳吉、福井甚三、原惣兵衛、久山知之、紅露昭、清瀨規矩雄、木村正義、富田光雄、窪井義道
幹事長	蘆田均田邊七六
政務調查會長	東鄉實

社會大眾黨（一九四〇年七月六日解散）

中央執行委員長	安部磯雄
書記長	麻生久

國民同盟（一九四〇年七月二十六日解散）

總裁	安達謙藏
幹事長	清瀨一郎
總務	伊禮肇

大政翼贊會本部幹立身一覽表（一九四〇年（昭和十五）年十月二十五日）

總裁	近衛文麿
常任總務	有馬賴寧、後藤文夫、前田米藏、永井柳太郎、井田盤楠、中野正剛、橋本欣五郎、吉野伊之助、大吉喜六、八田嘉明、大久保立
中央協會議議長	末永信正
事務總長	有馬賴寧
總務局管理事務	有馬賴寧

組織局長	後藤隆之助
議會局長	前田米藏
企畫局長	小畑忠良
政策局長	太田正孝

（錄自「西園寺公與政局」一一八卷）

（五）日本陸海軍主要官員一覽表

一九二八（昭和三）年一二月至一九三〇年十二月日

官職	一九二八年	一九二九年	一九三〇年
參謀總長	鈴木莊六	同上	金谷範三（二、一九）
參謀次長	南次郎	岡本連一郎（八、一）	二宮治重（一二、二二）
陸軍大臣	白川義則	宇垣一成（七、二）	同上 臨時代理阿部信行（六、一六－一二、一〇）
陸軍次官	畑英太郎 阿部信行（八、一〇）	同上	杉山元（八、一）
關東軍司令官	村岡長太郎	畑英太郎（七、一）	菱刈隆（六、二）
軍令部長	鈴木貫太郎	加藤寛治（一、二二）	谷口尚真（六、一一）

軍令部次長	野村吉三郎 末次信正（一二、一〇）	同上	永野修身（六、一〇）
海軍大臣	岡田啟介	財部彪（七、二）	安保清種（一〇、三）
海軍次官	大角岑生 山梨勝之雄（一二、一〇）	同上	小林躋三（六、一〇）

一九三一（昭和六）年一月至一九三三年一月底

官職	一九三一年	一九三二年	一九三三年
參謀總長	金谷範三		
載仁親王（一二、二三）	同上	同上	
參謀次長	二宮治重	真崎甚三郎（一、九）	同上

陸軍大臣	宇垣一成 南次郎（四、一四）		
荒木貞夫（二、一三）	同上	同上	
陸軍次官	杉山元	小磯國磯（二、二九）	同上
陸軍省軍務局長	小磯國昭	山岡重厚（二、二九）	同上
教育總監	武藤信義	林銑十郎（五、二六）	同上
憲兵司令官	峯幸松 外山豐造（八、一）	秦真次（二、二九）	同上
朝鮮軍司令官	林銑十郎	川島義之（五、二六）	同上
台灣軍司令官	渡邊錠太郎 真崎甚三郎（八、一）	阿部信行（一、九）	同上
關東軍司令官	菱刈隆 本庄繁（八、一）	武藤信義（八、八）	同上

關東軍參謀長	三宅光治	橋本虎之助（四、一一）	
小磯國昭（八、八）	同上		
軍令部長	谷口尚真	博恭王（二、一）	同上
軍令部次長	永野修身 百武源吾（一〇、一〇）	高橋吉三（二、八）	同上
海軍大臣	安保清種、大角岑生 （一二、一三）	岡田啟介（五、二六）	大角岑生（一、九）
海軍次官	小林躋造 左近司政三（一二、一）	藤田尚德（六、一）	同上
海軍省軍務局長	堀悌吉	寺島健（五、一三）	同上

一九三三（昭和八）年八月一日至一九三四年七月底

官職	一九三三年	一九三四年	
參謀總長	載仁親王	同上	
參謀次長	真崎甚三郎 植田謙吉（六、一九）	同上	
陸軍大臣	荒木貞夫	林銑十郎（一、二三）	
陸軍次官	柳川平助	同上	
陸軍省軍務局長	山岡重厚	永田鐵三（三、五）	
教育總監	林銑十郎	真崎甚三郎（一、二三）	
憲兵司令官	秦真次	同上	
朝鮮軍司令官	川島義之	同上	
台灣軍司令官	阿部信行 松井石根（八一、）	同上	

關東軍司令官	武藤信義 菱刈隆（七、二九）	同上	
關東軍參謀長	小磯國昭	西尾壽造（三、五）	
支那駐屯軍司令官	中村孝太郎	梅津美治郎（三、五）	
軍令部總長	博恭王	同上	
軍令部次長	高橋三吉松山茂	加藤隆義（一、一七）	
海軍大臣	岡田啟介 大角岑生（一、九）	同上）	
海軍次官	藤田尚德	長谷川清（五、一〇）	
海軍省軍務局長	寺島健 吉田善谷（九、一五）	同上	

一九三三年九月十七日，修改海軍軍司令部條例，將海軍軍司令部長改稱為軍令部總長。

一九三四年七月至一九三六年二月底

官職	一九三四年	一九三五年	一九三六年
參謀總長	載仁親王	同上	同上
參謀次長	植木謙吉 杉山元（八、一）	同上	同上
陸軍大臣	林銑十郎	川島義之（九、五）	同上
陸軍次官	柳川平助 橋本虎之助（八、一）	古莊幹郎（九、二一）	同上
陸軍省軍務局長	永田鐵三	今井清（八、一三）	同上
教育總監	真崎甚三郎	渡邊錠太郎 （七、一六）	同上
憲兵司令官	秦真次 田代皖一郎（八、一）	岩佐祿郎（九、二一）	同上
朝鮮軍司令官	川島義之 植田謙吉（八、一）	小磯國昭（一二、二）	同上
台灣軍司令官	松井石根 寺內壽一（八、一）	柳川平助（一二、二）	同上

關東軍司令官	菱刈隆 南次郎（一二、一〇）	同上（八、八）	同上
關東軍參謀長	西尾壽造	同上	同上
支那駐屯軍司令官	梅津美治郎	多田駿（八、一）	同上
軍令部總長	博恭王	同上	同上
軍令部次長	加藤隆義	嶋田繁太郎（一二、二）	同上
海軍大臣	大角岑生	同上	同上
海軍次官	長谷川清	同上	同上
海軍省軍務局長	吉田善吾	豐田副武（一二、二）	同上
聯合艦隊司令長官	末次信正 高橋三吉（一一、一五）	同上	同上
橫須賀鎮守府司令長官	永野修身 末次信正（一一、一五）	米内光政（一二、二）	同上

一九三六年二月至一九三七年五月底

官職	一九三六年	一九三七年
參謀總長	載仁親王	同上
參謀次長	杉山元 西尾壽造（三、二三）	今井清三（三、一）
陸軍大臣	川島義之 寺內壽一（三、九）	中村孝太郎（二、一一） 杉山元（八、一）
陸軍次官	古莊幹郎 梅津美治郎（三、二三）	同上
陸軍省軍務局長	今井清 磯谷廉介（三、二三）	後宮淳（三、一）
教育總監	渡邊錠太郎 西義一（六、五） 杉山元（八、一）	寺內壽一（二、九）
憲兵司令官	岩佐祿郎 中島今朝吾（三、二三）	同上
朝鮮軍司令官	小磯國昭	同上

台灣軍司令官	柳川平助 畑俊六（八、一）	同上
關東軍司令官	南次郎 植田謙吉（三、六）	同上
關東軍參謀長	西尾壽造 板垣征四郎（三、二三）	東條英機（三、一）
支那駐屯軍司令官	多田駿 田代皖一郎（五、一）	同上
軍令部總長	博恭王	同上
軍令部次長	嶋田繁太郎	同上
海軍大臣	大角岑生 永野修身（三、九）	同上
海軍次官	長谷川清 山本五十六（一二、一）	同上
海軍省軍務局長	豐田副武	同上
聯合艦隊司令長官	高橋三吉 米內光政（一二、一）	永野修身（二、二）
橫須賀鎮守府司令長官	米內光政 百武源吾（一二、一）	同上

軍事參議官（一九三六年一月一日）

山本英輔（海）渡邊錠太郎（陸）林銑十郎（陸）小林躋造（海）野村吉三郎（海）真崎甚三郎（陸）阿部信行（陸）荒木貞夫（陸）中村良三（海）末次信正（陸）永野修身（海）西義一（陸）植田謙吉（陸）寺內壽一（陸）鳩彥王（陸）稔彥王（陸）

一九三七年六月至一九三八年六月底

官職	一九三七年	一九三八年
參謀總長	載仁親王	同上
參謀次長	今井清 多田駿（八、一四）	同上
陸軍大臣	杉山元	板垣征四郎（六、三）
陸軍次官	梅津美治郎	東條英機（五、三〇）
陸軍省軍務局長	後宮澤 町尻量基（一〇、五）	中村明人（代理）四、一四）

教育總監	寺內壽一 畑俊六（八、二六）	安藤利吉（二、一四） 西尾壽造（四、三〇）
憲兵司令官	中島今朝吾 藤江惠輔（八、一）	同上
朝鮮軍司令官	小磯國昭	同上
台灣軍司令官	畑俊六 古莊幹郎（八、二）	同上
關東軍司令官	植田謙吉（三、六）	同上
關東軍參謀長	東條英機	磯谷廉介（三、一）
支那駐屯軍司令官	田代皖一郎 香月清司（七、一二）	同上
中支那方面軍（派遣軍）司令官	松井石根（一〇、三〇）	畑俊六（二、一四）
軍令部總長	博恭王	同上
軍令部次長	嶋田繁太郎 古賀峯一（一二、一）	同上
海軍大臣	米內光政	同上
海軍次官	山本五十六	同上

海軍省軍務局長	豐田副武 井上成美（一〇、二〇）	同上
聯合艦隊司令長官	永野修身 吉田善吾（一二、一）	同上
橫須賀鎮守府司令長官	百武源吾	長谷川清（四、一五）

支那駐屯軍於一九三七年八月二十六日廢止，同日，設北支那方面軍。華中方面，於一九三七年八月十五日設立上海派遣軍，軍司令官松井石根；同年十月三十日設立中支那方面軍，軍司令官松井；一九三八年二月十四日設中支那派遣軍，軍司令官為畑俊六。

一九三八年五月至一九三九年六月底

官職	一九三八年	一九三九年
參謀總長	載仁親王	同上
參謀次長	多田駿 中島鐵藏（一二、一〇）	同上

陸軍大臣	杉山元 板垣征四郎（六、三）	同上
陸軍次官	梅津美治郎 東條英機（五、三〇） 山脇正隆（一二、一〇）	同上
陸軍省軍務局長	中村明人 町尻量基（一一、二一）	同上
教育總監	西尾壽造	同上
憲兵司令官	藤江惠輔 田中靜壹（七、一五）	同上
朝鮮軍司令官	小磯國昭 中村孝太郎（七、一五）	同上
台灣軍司令官	古莊幹郎 兒玉友雄（九、八）	同上
關東軍司令官	植田謙吉（三、六）	同上
關東軍參謀長	東條英機 磯谷廉介（六、一八）	同上
北支那方面軍司令官	寺內壽一 杉山元	同上

中支那派遣軍司令官	畑俊六 山田乙三（一二、一五）	同上
軍令部總長	博恭王	同上
軍令部次長	古賀峯一	同上
海軍大臣	米內光政	同上
海軍次官	山本五十六	同上
海軍省軍務局長	井上成美	同上
聯合艦隊司令長官	吉田善吾	同上
横須賀鎮守府司令長官	長谷川清	同上

一九三九年七月至一九四〇年十二月

官職	一九三九年	一九四〇年
參謀總長	載仁親王	杉山元（一〇、四）

參謀次長	澤田藏（一〇、二）	塚田攻（一一、一五）
陸軍大臣	畑俊六	東條英機（七、二二）
陸軍次官	阿南惟幾	同上
陸軍省軍務局長	武藤章（九、三〇）	同上
朝鮮軍司令官	中村孝太郎	同上
台灣軍司令官	牛島實常（一二、一）	木間雅晴（一二、二）
關東軍司令官	梅津美治郎（九、七）	同上
軍令部總長	博恭王	同上
軍令部次長	近藤信竹	同上
海軍大臣	吉田善吾（八、三〇）	及川古志郎（九、五）
海軍次官	住山德太郎（八、三〇）	豐田貞次郎（九、六）
海軍省軍務局長	阿部勝雄（一〇、一八）	岡敬純（一〇、一五）
聯合艦隊司令長官	山本五十六（八、三〇）	同上

一九四一年一月至一九四二年十二月底

官職	一九四一年	一九四二年
參謀總長	杉山元	同上
參謀次長	田邊盛武（二、一八）	同上
陸軍大臣	東條英機（兼任）（七、二二）	同上
陸軍次官	木村兵太郎（四、一〇）	同上
陸軍省軍務局長	武藤章	佐藤賢了（四、二〇）
朝鮮軍司令官	板垣征四郎（七、七）	同上
台灣軍司令官	安藤利吉（二、六）	同上
關東軍司令官	梅津美治郎（一九四二、一〇、一起，改稱關東軍總司令司）	同上
軍令部總長	永野修身（四、九）	同上
軍令部次長	伊藤整一（九、二）	同上
海軍大臣	嶋田繁太郎（一〇、一八）	同上
海軍次官	澤本賴雄（九、六）	同上

海軍省軍務局長	岡敬純	同上
聯合艦隊司令長官	山本五十六	同上

一九四三年一月至一九四五年十一月底

官職	一九四一年	一九四二年	
參謀總長	杉山元	東條英機（兼任）（二、二一）梅津美治郎（七、一八）	（一九四五年、一〇、一五，廢止參謀本部）
參謀次長	秦彥三郎	後宮淳（二、一）	河邊虎四郎（四七）
陸軍大臣	東條英機（兼任）	杉山元（七、二二）	阿南惟幾（四、七）（一九四五、一一、三〇廢止陸軍省）
陸軍次官	富永恭二（三、一一）	柴三兼四郎（八、三〇）	同上
陸軍省軍務局長	佐藤賢了	真田穰一郎（一二、一四）	吉積正雄（三、二七）

朝鮮軍司令官	板垣征四郎	同上	上月良夫（四、八）
台灣軍司令官	安藤利吉	同上	同上
關東軍司令官	梅津美治郎	山田乙三七（七、一八）	同上
軍令部總長	永野修身	嶋田繁太郎（二、二）	豐田副武（五、二九）（一九四五、一〇、一五、廢止軍令部）
軍令部次長	伊藤整一	塚原二四三（三、一） 小澤治三郎（一一、一八）	大西瀧治郎（五、二九）
海軍大臣	嶋田繁太郎	同上	同上
海軍次官	澤本賴雄（九、六）	野邦直村（七、一七） 米內光政（七、二三）	同上 （一九四五、一一、三〇廢止海軍省）
海軍次官	澤本賴雄	井上成美（五、一七）	多田武雄（五、一五）
海軍省軍務局長	岡敬純	多田武雄（八、一）	保科善四郎（五、一五）
聯合艦隊司令長官	古賀峯一（五、二一）	豐田副武（五、二一）	小澤治三郎（五、二九）

（六）日本外務省主要官員一覽表

一九三一（昭和六）年一月至一九三三年一月底

官職	一九三一年	一九三二年	一九三三年
外務大臣	幣原喜重郎 犬養毅（兼任一二、一三九、一八）	芳澤謙吉（一、一四） 齋藤實（兼任）（五、二六）	
內田康哉（七、六）	同上		
外務次官	吉田茂 永井松三（一二、六）	有田八郎（五、一〇）	同上
亞細亞局長	谷正之	同上	同上
歐美局長	堀田正昭 松島肇（一、一七）	有田八郎（管理事務一一、八）	同上
情報局長	白鳥敏夫	同上	同上

一九三三年一月至一九三四年七月底

官職	一九三三年	一九三四年
外務大臣	內田康哉 廣田弘毅（九、一四）	同上
外務政務次官	瀧正雄	井阪豐光（七、一九）
外務次官	有田八郎 重光葵（五、一六）	同上
亞細亞局長	谷正之 桑島主計（八、一）	同上 東亞局長桑島主計（六、一）
歐美局長	有田八郎（管理事務）	
東鄉茂德（二、一）	同上 歐亞局長東鄉茂德（六、一）	
情報局長	白鳥敏夫 天羽英二（六、二）	同上 美國局長堀內謙介（六、一）

（一九三四年六月一日，廢止亞細亞局和歐美局，改設東亞局、歐亞局及美國局）

一九三四年七月至一九三六年二月底

官職	一九三四年	一九三五年	一九三六年
外務大臣	廣田弘毅	同上	同上
外務次官	重光葵	同上	同上
東亞局長	桑島主計	同上	同上
歐亞局長	東鄉茂德	同上	同上
美國局長	堀內謙介	同上	同上
情報局長	天羽英二	同上	同上

一九三六年二月至一九三七年五月底

官職	一九三六年	一九三七年	一九三三年
外務大臣	廣田弘毅　有田八郎（四、二）	有銑十郎（兼任二、二） 佐藤尚武（三、三）	

外務次官	重光葵 堀內謙介（四、一〇）	同上	
東亞局長	桑島主計	森島守人（暫代一、二七） 森島守人（四、五）	同上
歐亞局長	東鄉茂德	同上	同上
美國局長	堀內謙介 岡本季正（五、三〇）	同上	同上
情報局長	天羽英二	同上	同上

一九三七年六月至一九三八年六月底

官職	一九三七年	一九三八年	一九三六年
外務大臣	佐藤尚武 廣田弘毅（六、四）	同上	同上
外務次官	堀內謙介	同上	同上
東亞局長	森島守人 石射豬太郎（五、一一）	同上	同上

歐亞局長	東鄉茂德 井上庚二郎（一〇、二七）	同上	同上
美國局長	岡本季正吉澤清次郎（四、五）	同上	同上
情報局長	天羽英二 河相達夫（四、二八）	同上	同上

一九三八年五月至一九三九年六月底

官職	一九三八年	一九三九年	一九三六年
外務大臣	廣田弘毅 宇垣一成（五、二六） 近衛文麿（九、三〇） 有田八郎（一〇、二九）	同上	同上
外務次官	堀內謙介 澤田廉三（一〇、一五）	同上	同上
東亞局長	石射豬太郎 栗原正（一一、九）	同上	同上
歐亞局長	井上庚二郎	西春彥（六、六）	同上

美國局長	吉澤清次郎	同上	同上
情報局長	河相達夫	同上	同上

一九三九年六月至一九四〇年十一月底

官職	一九三九年	一九四〇年	一九三六年
外務大臣	有田八郎 阿部信行（兼任八、三〇） 松岡洋右（九、二九）	有田八郎（一、一六） 松岡洋右（七、一八）	同上
外務次官	澤田廉三 谷正之（九、二六）	松宮順（暫代八、一九） 大橋忠一（暫代八、一九） 大橋忠一（一一、一二）	同上
東亞局長	栗原正 土田豐（暫代） 堀田干城（一〇、一八）	山本熊一九、二	同上
歐亞局長	井上庚二郎 西春彥（六、六）	同上	同上
美國局長	吉澤清次郎	寺崎太郎（五、一二）	同上

情報局長	河相達夫 須磨彌吉郎（一〇、一八）	同上	同上

一九四一年一月至一九四二年十二月底

官職	一九四一年	一九四二年	一九三六年
外務大臣	近衛文麿（事務管理三、一二—四、二二） 豐田貞次郎（七、一八） 東鄉茂德（一〇、一八）	東條英機（兼任九、一） 谷正之（九、一七）	同上
外務次官	山本熊一（暫代七、二二） 天羽英二（八、一五） 西春彥（一〇、二一）	山本熊一（暫代九、一） 山本熊一（九、一八） 松本俊一（一一、一）	同上
東亞局長	山本熊一	山本熊一（事務管理） 山本熊一（事務管理） （一一、一廢止除純外交，併入大東亞省）	同上
歐亞局長	坂本瑞男	安東義良（五、二九）	同上

美國局長	寺崎太郎　山本熊一（五、二九）	山本熊一（四二、一一、一廢止）	同上
調查部長	高瀨真一　田尻愛義（一一、八）	同上	同上

一九四三年一月至一九四五年九月底

官職	一九四三年	一九四五年
外務大臣	重光葵（四、二〇）	鈴木貫太郎（兼任四、七） 東鄉茂德（四、九）
外務次官	松本俊一 澤田廉三（一九四四、一〇、二一）	松本俊一（五、一三—九、二五）
政務局長	上村伸一 （一九四三、一一、一）	同上 安東義良（五、二三—九、二八）
調查局長	山田芳太郎	岡崎勝男（代理）岡崎勝男（一九四五、二—八、二六）

（七）日本在外地主要官職一覽表

一九三一（昭和六）年至一九三三年一月底

官職	一九三一年	一九三二年	一九三三年
朝鮮總督	齋藤實 宇垣一成（六、一七）	同上	同上
朝鮮總督府政務總監	兒玉秀雄 今井田清德（六、一九）	同上	同上
台灣總督	石塚英藏 太田政弘（六、一六）	南弘（三、三） 中川健藏（五、二七）	同上
台灣總督府總務長官	人見次郎 高橋守雄（一、一七） 木下信（四、一五）	平塚廣義（一、一三）	同上
關東長官	太田政弘 塚本清治（一、一六）	山岡萬之助（一、一一） 武藤信義（八、八）	同上
南滿洲鐵道株式會社總裁	仙石貢 內田康哉（六、一三）	林博太郎（七、二六）	同上
同副總裁	大平駒槌 江口定條（六、一三）	八田嘉明（四、七）	同上

一九三三年一月至一九三四年七月底

官職	一九三三年	一九三四年
朝鮮總督	宇垣一成	同上
朝鮮總督府政務總監	今井田清德	同上
台灣總督	中川健藏	同上
台灣總督府總務長官	平塚廣義	同上
關東長官	武藤信義（兼任） 菱刈隆（兼任一、二八）	同上
南滿鐵路總裁	林博太郎	同上
南滿鐵路副總裁	八田嘉明	同上

一九三四年九月至一九三六年二月底

官職	一九三四年	一九三五年	一九三六年

朝鮮總督	宇垣一成	同上	同上
朝鮮總督府政務總監	今井田清德	同上	同上
台灣總督	中川健藏	同上	同上
南滿鐵路總裁	林博太郎	松岡洋右（八、二）	同上
南滿鐵路副總裁	八田嘉明	大村卓（九、二一）	同上

一九三四年九月至一九三六年二月底

一九三六年六月至一九三八年六月底

官職	一九三六年	一九三七年	一九三八年
朝鮮總督	宇垣一成 南次郎（八、四）	同上	同上
朝鮮總督府政務總監	今井田清德 大野綠一郎（八、四）	同上	同上

台灣總督	中川健藏 小林躋造（九、二）	同上	同上
南滿鐵路總裁	松岡洋右	同上	同上
同副總裁	大村卓一	同上	同上

一九三八年五月至一九四〇年十一月底

官職	一九三八年	一九三九年	一九四〇年
朝鮮總督	南次郎	同上	同上
朝鮮總督府政務總監	大野綠一郎	同上	同上
台灣總督	小林躋造	同上	長谷川清（一一、二七）
南滿鐵路總裁	松岡洋右	大村卓一（三、二四）	同上
同副總裁	大村卓一	佐藤應治郎（三、二四）	同上

一九四一年一月至一九四三年十二月底

官職	一九四一年	一九四二年	一九四三年
朝鮮總督	南次郎	小磯國昭（五、二九）	同上
台灣總督	長谷清川	同上	同上
滿鐵總裁	大村卓一	同上	小日山直登（七、一四）

一九四四年一月至一九四五年九月底

官職	一九四四年	一九四五年
朝鮮總督	小磯國昭 阿部信行（七、二四）	同上
台灣總督	長谷川清 安東利吉（一二、三〇）	同上（一〇、二五廢止）
滿鐵總裁	小日山直登	山崎元幹（五、五）

附錄二　日本有關法令（一九三〇年）

（一）大日本帝國憲法

（明治二十二（一八八九）年二月十一日）拔萃

第十一條　天皇統帥陸海軍

第十二條　天皇定陸海軍之編制及常備兵額

第二十條　天皇宣戰媾和及締結各種條約

第五十五條　各國務大臣輔弼天皇並負其責任

一切法律敕令及其他有關國務之詔書與敕書需經國務大臣之副署

第五十六條　樞密顧問依樞密院官制之所定應天皇之諮詢審議重要之國務

（二）內閣官制

（明治二十二（一八八九）年十二月十四日敕令第一百三十五號修正明治四十（一九

〇七）年敕令第七號）

第一條　內閣以各國務大臣組織之
第二條　內閣總理大臣為各大臣之首席奏宣機務承旨保持行政各部門之統一
第三條　內閣總理大臣認為必要時得停止行政各部門之處分或者命令以待敕裁
第四條　內閣總理大臣依其職權或者特別之委任得發閣令之二內閣總理大臣就其所管之事務指揮監督警視總監、北海道廳長及各府縣知事、若認為其命令或者處分違反成規，妨害公益，或者侵犯其權限者，得予以停止或者取消
第五條　左列各件須經內閣會議
一　法律案預算決算案
二　外國條約及重要目標條件
三　官制或者規則及有關施行法律之敕令
四　各省（部會）間主管權限之爭議
五　天皇所交付或者帝國議會所送來之人民請願
六　預算之支出
七　勅令（簡任）官及地方長官之任命去留其他各省（部會）其主管事務關係

高等行政情形比較重要者皆須經內閣會議

第六條　主管大臣依其意見不問何件得向內閣總理大臣提出要求召開內閣會議

第七條　事關軍機軍令要上奏者除依天皇之意旨交付內閣者外應由陸軍大臣海軍大臣報告內閣總理大臣

第八條　內閣總理大臣有事故時其他大臣臨時承命以代理其事務

第九條　各省大臣有事故時由其他大臣臨時攝任或者承命以管理其事務

第十條　除各省大臣之外依特旨得以國務大臣列為內閣員

（三）內大臣府官制

（明治四十（一九〇七）年十一月一日皇室令第四號明治四十三（一九一〇年）皇室令第五號、第二十四號，大正三（一九一四）年皇室令第三號、大正六（一九一七）年皇室令第三號修正）

第一條　內大臣府尚藏御璽掌管詔書敕令及其他有關內廷文書之事務
第二條　內大臣為親任（特任）經常輔弼統轄內大臣府
第三條　內大臣就所部職員之敘位　勳及其有關其進退事項要移　宮內大臣
第四條　內大臣府設左列職員
秘書官長
秘書官
屬
第五條　秘書官長一人敕任（簡任）掌理文書
第六條　秘書官專任二人奏任（薦任）分掌文書及庶務
第七條　屬為判任（委任）從事庶務

附則

本令自明治四十一（一九〇八）年一月一日施行並廢止明治十八（一八八五）年太政官達第六十八號及明治二十三（一九〇〇）年宮內省達第二十三號

（四）樞密院官制及事務規程

（明治二十一（一八八八）年四月三十日敕令第二十二號明治二十三（一九〇〇）年敕令第二百六十號、明治三十六（一八九三）年敕令第一百二十號、明治三十六（一九〇四）年敕令第一百十七號、明治四十二（一九〇九）年敕令第一百八十四號、大正二（一九一三）年敕令第一百三十七號、大正（一九一八）年敕令第三百五十五號修正）

樞密院官制

（明治二十一（一八八八）年四月三十日敕令第二十二號明治二十三（一八九〇）年敕令第二百十六號、明治二十六（一八九三）年敕令第二百十號、明治三十六（一八九三）敕令第一百十七號、明治四十二（一九〇九）年敕令第一百八十四號、大正二（一九一三）年敕令第一百三十七號、大正七（一九一八）年敕令第三百五十五號修正）

第一章　組織

第一條　天皇親臨樞密院諮詢重要國務

第二條　樞密院以議長一人副議長一人顧問官二十四人書記官一人及書記官組織之書記官三人專任

第三條　樞密院議長副議長顧問官為親任（特任）書記官長為敕任（簡任）書記官為奏任（薦任）

第四條　任何人其年齡不達四十歲者不得任議長副議長及顧問官

第五條　樞密院設議長專任秘書官一人為奏任

第二章　職掌

第六條　樞密院就左列事項待諮詢召開會議上奏意見

一　皇室典範中屬於其權限之事項

二　有關憲法條項或者附屬於憲法之法律敕令草案及疑義

三　憲法第十四條戒嚴之宣告同第八條及第七條之敕令及有其他罰則規定之敕令

四　與列國交涉之條約及約定

五　有關樞密院官制及事務規程之修正事項

六　除前述各項外臨時諮詢之事項

第七條　刪除

第八條　關於行政立法樞密院雖為天皇至高之顧問但不干與施政

第三章　會議及事務

第九條　樞密院會議非有以名以上顧問官出席不得開議

第十條　樞密院會議由議長主席議長有事故時由副議長主席議長副議長有事故時依顧問官席次主席之

第十一條　各大臣依其職權上於樞密院擁有顧問官地位出席會議享有表決權又各大臣得派委員列席會議演述及說明但不得參加表決

第十二條　樞密院之議事依多數決之但可否同數時由會議主席決定之

第十三條　議長總管屬於樞密院之一切事務署名樞密院所發一切公文副議長輔佐議長之職務

第十四條　書記官長受議長之監督管理樞密院之常務副署一切公文審查提出會議之事項製作報告列席會議擔任說明但不得參加表決

書記官在會議筆記議事輔佐書記官長之職務書記官長有事故時由書記官代

理之前項筆記應記載出席者之姓名會議案件之質問答辯及要旨
第十四條之二　議長秘書官掌管議長官房事務
第十五條　除特別情形外非事先製作審查報告並與會議所需文書同時分發各員外不得舉行會議
議事日程及報告應事先通報各大臣

樞密院事務規程

第一條　樞密院依敕命就交付會議事項陳述意見
第二條　樞密院得接受帝國議會或其一院或官署或者臣民之請願上書及其他通信
第三條　樞密院只得與內閣及各省大臣從事公務上之交涉不得與其他官署帝國議會或者臣民之間有文書之往來或者其他之交涉
第四條　議長將到達樞密院之事項交付書記官長審查並製作該提出會議事項之報告
議長認為必要時得自己報告或者請顧問官一人或者數人報告
第五條　審查報告由報告員向議長提出
臨時緊急時得以口頭報告此時應將其要點簡短記於第八條所載之件名簿

（項目名稱簿）

第六條　議長得限制整理審查報告之日期報告應盡快製作不得延遲

第七條　內閣就需緊急之事件得通知其事由並限定會議之日期

第八條　審查報告及其附件至少應於開會前三日送達各員

件名簿應隨會議日期之順序記載應刊於件名簿之事項為第一事件之性質第二會議之前送達文書之時日第三期會議之日期等

就該提出會議之各件與前項同樣製作議事日程至少應於開會前三日通知各員此通知兼為會議之請帖。

第九條　樞密院之開會時日由議長決定之但各大臣得要求變更期時日

第十條　樞密院之會議循由左列規程由議長或者副議長整理之

議長令書記官長說明其案件旋即由各員自由討論任何人非得議長許可不得發言議長得自由參與討論討論既盡議長要定問題付諸表決

議長要表明表決結果

第十一條　刊載於議事日程之案件會議當日未終了時得將其延會於他日此時仍要以慣例之形式行之

第十二條　樞密院會議之意見由書記官長或者書記官依表決之結果起草請議長審閱對

此意見要附上理由對主要案件應附以討論之要點書
持有反對意見之出席員得要求將其表決與理由紀錄於議事筆記理由書或者要點書

第十三條　前條之意見由議長上奏天皇同時應通知內閣總理大臣

第十四條　樞密院會議之議事筆記由議長及書記官或者出席書記官署名以表示其正確

（五）親王列席樞密院會議之件

（明治二十一（一八八八）年五月十八日敕旨）各親王

朕欲丁年以上各親王參與朕之重要國務命其擁有列席樞密院會議之權

（六）軍事參議院條例

（明治三十六（一九〇三）年十二月二十八日敕令第二百九十四號）

第一條　軍事參議院在帷幄之下應重要軍務之諮詢

第二條　軍事參議院待諮詢召開參議會上奏其意見

第三條　軍事參議院設議長、參議官、幹事長及幹事

第四條　軍事參議官如左

元帥

陸軍大臣

海軍大臣

參謀總長

海軍軍令部長

特任命為軍事參議官之陸海軍將官

第五條　軍事參議院議長以參議官中高級資深者充任

第六條　必要時聘任重要職位之將官員臨時參議官以列席參議會但有關議事終了時應立即解職

第七條　有關陸海兩軍事項要查照其規畫以國防用兵之目的為主並調整其相互之聯繫

第八條　對陸海軍互不相關聯之事項得只以陸軍或者海軍之參議官召開參議會

第九條　對緊急之事件議長得不經院議以應諮詢

第十條　幹事長以侍從武官長或者其他將官充任以整理軍事參議院之庶務

第十一條　幹事以侍從武官中陸海軍佐（校）及軍官一人充任以輔佐幹事長之職務
特任之軍事參議官配以佐尉級軍官一人為副官
附則
廢止軍事參議官條件

（七）參謀本部條例

（明治四十一（一九〇八）年十二月十九日軍令陸第十五號）

第一條　參謀本部掌管國防及用兵事宜
第二條　參謀總長特任陸軍大（上）將或者陸軍中將直隸天皇參與帷幄之軍務掌管有關國防及用兵計畫統轄參謀本部
第三條　參謀總長統督在參謀職位之陸軍將校（軍官）任其教育管轄陸軍大學（校）及陸地測量部
第四條　參謀次長輔佐參謀總長負責一切事務之整理
第五條　參謀本部部長承參謀總長之命指揮課長以下掌理其主管事務

第六條　參謀本部之編制另定之
第七條　參謀本部之服務規則由參謀總長定之

（八）海軍軍令部條例

（大正三（一九一四）年軍令海第七號大正五（一九一六）年軍令海第八號、同七（一九一八）年軍令海第二號修正）

第一條　海軍軍令部掌管有關國防用兵事宜
第二條　海軍軍令部設部長
海軍軍令部長直隸天皇參與帷幄之機務同時統理海軍軍令部之部務
海軍軍令部長為特任
第三條　海軍軍令部長參與有關國防用兵事宜親裁之後移於海軍大臣但戰爭中未設大本營時有關作戰事項由海軍軍令部長傳達之
第四條　海軍軍令部設次長輔佐海軍軍令部長整理部務

第五條　海軍軍令部設副官掌理庶務

第六條　海軍軍令部設參謀分掌左列事項

一　有關出師及作戰計畫、艦船之配備及其進退役務事項

二　有關艦隊、軍隊之編制、運動法、運輸通信、演習及檢閱事項

三　有關軍港要港（准軍港）防禦港其他軍事上必要地點之選定及其防禦計劃事項

四　有關軍事情報、翻譯及編纂事項

第七條　在海軍軍令部設【海軍將校同相當官】（原文）承海軍軍令部長之命服務

第八條　在駐外帝國大使館及公使館以海軍軍官為大使館武官、公使館武官及其輔佐官隸屬海軍軍令部長管轄

第九條　除前述各條例所列職員外海軍軍令部設海軍編修、海軍船匠長、書記、編修書記及技手（技術要員）各承上司之命服務

附錄三　中國方面有關資料

（一）國民政府為日本出兵山東對全國宣言

此次日本出兵山東，侵犯吾中華民國之領土，蔑視吾中華民國之主權，凡吾同胞無不同深憤慨，政府亦既一事提出抗議矣。

政府今正有事於國內軍閥之剪除及中華民國之統一，同時方準備以和平方式與各國進行平等互利之外交。不謂於此時間，日本當局突然沿用武力政策，使中日間重生莫大之障翳；政府秉承總理遺志及民眾要求，自當竭誠盡慮，以保障之權之完整與領土之安全。日本當局既違反中國民眾之意思，繼續其武力侵佔政策，中國民眾之憤慨，本所當然。最近種種事實之呈現，其動因無一不由於日本對華態度之突變。政府保障國家權利之心，寧後於人民；況為完成國民革命及維持東亞和平計，尤當竭力為國民前驅，負中國今日之外交全責。

政府在地位上、責任上、志願上，均為中國全體國民之代表，凡國民之所欲，無論如何困難險阻，政府必集全力以赴之，同時人民亦必以全權付諸政府，而課其最後之得失；若在同一目的之下，而有步驟不齊之舉動，則適足以增國際間之糾紛，為民族解放之障礙。

政府秉承總理全部遺囑，誓以至誠，完成使命。最近數月，目的在掃除國內一切軍閥，亦即以殲滅帝國主義者之爪牙，步驟有先後，形勢有緩急，今力雖然專注於一隅，心實盱衡於全局。而共產黨徒等欲橫挑外釁，破壞革命，一試之於南京不成，再試之於上海又不成，其逆謀未嘗稍休。吾同志同胞此次對日運動出於愛國真誠，以告同胞；日本出兵山東，為其傳統的侵略政策之一部；中國而欲制止其政策者，決非枝枝節節之事，必遵依總理所遺留整個的對外政策，一致進行。若各不相謀，則其結果必致政府人民間在同一目的之下，發現互相矛盾之行為，此不特共產黨所深幸，而亦帝國主義者所竊喜者也。

本以上之討究，政府一方面願依總理遺囑直任對日外交全部責任而弗辭，一方深望吾愛國民眾為政府之後援，而切戒與政策相矛形焉。

（錄自國民政府公報寧字第九號，民國十六年七月二十一日出版）

（二）九一八事變的經過及其責任

壹、九一八事變之經過情形（榮臻參謀長報告）

一、信號二十年九月十八日晚十時許，瀋陽東北方向，忽聞爆發聲音，全城地為之震，此即日軍自己炸破其南滿本線柳河溝附近鐵道之工作也，繼而砲聲續起，槍聲更烈，其實日軍於事前，已將其暴動之軍隊，處置妥當，各向指定地點，取包圍式，一聞此信號，即開始軍事行動矣。

二、報告張副司令信號聲音爆發後，余（榮臻自稱）即電話問各方，得知日軍襲擊北大營，當即向北平張副司令，以電話報告，並請應付辦法，當經奉示，尊重國聯和平宗旨，避免衝突，故轉告第七旅王以哲旅長，令不抵抗，即使勒令繳械，佔入營房，均可聽其自便等因，彼時，又接報告，知工業區迫擊砲廠，火藥廠，均被日軍襲擊，當時朱光沐，王以哲等，又以電話向張副司令報告，奉諭，仍不抵抗，遂與朱光沐、王以哲同到臧主席宅研究辦法，決定日軍行動任何擴大，攻擊如何猛烈，而我方均持鎮靜，故全城商民軍政各界，均無抵抗行為。

三、與日領交涉情形當砲聲響起，余即電請臧主席派員向日本領事詢問，日軍此舉，是何用意，據云，該館亦正向該國駐瀋陽軍事方面詢問中，現時不能答覆，嗣又通告日領，望於五分鐘內答覆日軍行動真意，逾時，將由我方通知各國領事，不能負保護外僑之責，日領請再容五分鐘內答覆，但經過一小時，未得答覆，彼時日軍已佔領商埠地，攻入小西關，處處奪掠，不可遏止，又用電話催問日領，答云，軍人行動，領事無權限制，只好請其軍事當局，設法制止，故華方即將日軍情形，通知各國領事，至十九日上午二時，各關已被日軍佔領，當又由交涉員轉詢他國領事，均揣度云，日軍決不敢入城，但至三時後，日軍即攻小西門及西南城角，登牆開始射擊入城矣。

四、佔領商埠地及西關之大砲聲十八日夜十一時許，日站有汽笛聲長鳴，於是日軍攻擊北大營更烈，而日站亦發野砲，向瀋陽城東兵工廠，及山咀子講武堂，北大營及無線電臺，彈藥庫一帶射擊，同時日軍亦侵入商埠地，槍聲大作，依次將大小西邊門各警察所佔領，各警士被殺傷者眾，雖我方不抵抗，而其槍砲聲仍不稍停。

五、攻擊小西門及開城十九日早二時，又有重砲聲，自西關高臺廟滿鐵倉庫附近發射，城內居民頗為警駭，繼而大小西關槍聲四起，北大營之火力亦甚烈，蓋日軍以華方不抵抗，瀋陽垂手可得，遂近逼城下，至四時天將拂曉，日軍竟由城西南角牆壞處登牆入城，以機關槍掃射，遂將無線電臺佔領。

六、電信不通當日軍佔領無線電臺時，所有電報及長途電話等，已被破壞不通，瀋陽對外消息，完全斷絕，余不得已，乃用小型無線電機，將電發出。

七、日軍攻擊北大營之經過十八日晚十時許，日軍聞信號後，由營垣西北角，向第六二一團各營院內進攻，移時，即以手槍手榴彈等任意放擲，傷亡頗眾，十一時，日軍將該團第一營之營房舉火焚燬，十一時三十分，日軍由營垣西南隅躍進，並以砲火連續射擊，迄至十九日早二時許，日軍以大部，由營垣西南北三面進佔營堤，同時第六二零團之院內，均有日兵衝入射擊，移時第七旅旅部，及第六一九團附近，均有日軍以機槍射擊及手榴彈投擲，因不准抵抗，相繼避退，一時呈現混亂狀態，並各特種部隊人員，紛紛向東避退，至四時，第七旅尚有第六二零團王團長鐵漢，督屬收容，以一部掩護，及至七時三十分，該團破出重圍，繼續向東山咀子撤退，此時日軍見第七旅退去，則繼續縱火焚燒營房，竟日未絕。

八、佔領邊防公署，及軍民各機關十九日早六時三十分，日軍一排約三十餘，由小西門入城，由指揮者抄搜帥府及邊防軍公署，未幾有步兵及裝甲車相繼入城，佔領東三省官銀號，中交邊業各銀行，及遼寧省政府各處。

九、屠殺警察及民眾，並搜查民宅，當時商埠地及工業區大小西關各地警察，及無動作之居民，被殺者甚眾，前口北鎮守使韓雲鵬，即於此時，在凌格店前遇難，至北大營傷亡之華方官兵，更不下數百名焉，日軍既已佔領瀋陽，遂向當局者各私邸，施行嚴密搜查，將貴重物品，席捲一空，並有攜去老幼人口者。

十、佔領兵工廠及航空處等兵工廠、糧秣廠、航空處、並各倉庫、彈藥庫、講武堂本校、及各班隊，均於十九日午前八時至九時，先後佔領，同時長春、營口、安東、及安奉沿線，亦均被日軍佔領。

十一、日司令官本莊繁佈告本莊於十九日上午十一時，由旅順偕其幕僚及步兵第三十聯隊，到瀋隊，張貼佈告，略謂因北大營華軍破壞南滿鐵道，故實行出兵，擊滅舊政權，倘有妨害日軍行動、槍殺等語。

十二、瀋陽無政府狀態日軍佔領瀋陽，各機關人員均被驅逐或逮捕，任意搶殺人民，當時遂陷於無政府狀態，商民不肯交易而逃難平津者，紛紛載途，大有爭先恐後之勢。

十三、其他多為在鄉軍人，及在瀋陽韓僑等，臨時招集編成者，共約五千人。

十四、十九日，余及臧主席一再向日本領事館探詢真意，日方聲言司令官到後，方有辦法，嗣本莊到瀋，又聲言對在瀋軍政當局，不能談判，至是，則瀋陽完全歸日人宰割矣。

十五、九一八事變時，北大營被佔經過（王旅長報告），九一八夜十時許，日兵於營西北旺宮屯附近降車後，車即北退，未久即聞營西南方轟然一聲，似地雷爆破之音，同時北大營西方圍牆附近，以及南方各村落即有連續之槍聲，步兵七旅以數日來，日兵恆於夜中放槍擾亂，已非一次，故靜肅未動，未幾步兵六百二十一團之營院內，竟被多數日軍侵入，華軍因恐惹起國際交涉，故令兵士，不得擅動，士兵各持槍實彈，怒眦欲裂，狂呼若雷，羣請一戰，甚有抱槍痛哭者，揮拳擊壁者，猶能服從長官命令，不還一彈，詎意日兵入營院，即大施慘殺，槍砲齊發，官兵受其傷害者甚多，斯時七旅旅長王以哲，正出席距營五英里之同澤俱樂部，水災救濟會中，用電話請示方策，即指示不得抵抗，先退出兵舍，齊集某營前大操場待命，而日軍更用機關槍射擊，此時電話不通，乃退避北大營東端二臺子附近集合，以觀究竟，旋見北山彈藥各庫，被彈轟炸，營內火光四起，時已至十九日上午六時，日軍更依東營垣，向我軍射擊，不得已，乃向山咀子退去，而日軍，更節節進逼，遂向東陵方向前進，於十九日上午八時，方集結於東方森林地內，檢查人員，得悉斯役，步七旅死亡官兵五員，士兵一百四十四名，負傷官長十四名，士兵夫一百七十二名，統計傷亡官士兵夫三百三十五員，士兵失蹤生死不明者，四百八十三名。

貳、九一八事變之責任者

察事變前，日本軍部之布置與挑戰行為，事變時經過情況，任何人，均深知為日本軍部計劃的行為也，當然日本政府負其全責。事變後，直迄今日，中國步步退讓之經過，更足證吾人之遵守國際公約，維護和平之不暇，何啟釁之足云，茲分別如左：

一、中國無戰爭意思，中國水災難民數千萬，衣食待賑，正救濟之不暇，無啟外釁之可能。中央政府，改造方殷，二十年革命破壞後之建設，正待施行，全國兵工廠，除東北外，均已停工至今，張學良臥病北平協和醫院，故政府及東北首領，均無啟外戰之意志，其次，東北步兵七旅旅長，事變時，尚在商埠地之同澤俱樂部開水災救濟會中，由是得知旅長之不知此事變，倘旅長早知，當然在營指揮之也，七旅士兵，束手被殺者甚多，何日軍之死傷僅一二人，由此知為日軍之片面攻擊，華軍未抗而退者可知，華軍平時即力避衝突之不暇，當然無啟釁之可能，倘由華方啟釁，何毫未向日軍攻擊之耶！事變經過，及事後直迄今日，中國之退讓，尊重國聯決議精神，益足證華軍無攻日軍之意矣，故日方宣稱華軍破稱鐵道，攻擊守備隊之為虛偽，不言可喻矣。

二、爆破地點，鐵路爆破地點，據日方宣稱，係為瀋陽北柳條溝之南滿鐵路之一軌道被炸壞，試思倘華人破壞，當然爆破雙軌，何僅壞其一，此可注意者一，地點適在北大營附近，倘華人欲破其鐵路者，當然向滿鐵各線多數有價值之橋樑隧道為之，決無輕於營旁，自啟肇端，自惹起重大交涉，設有此事，則當然覺悟瑯責任之重大，徹底為攻擊之行動者明矣，何毫無抵抗而即退去也耶？況此種地點，戰術上，戰略上毫無價值可言者乎，同時，此地為日本守備隊常期巡守之地，其附近並有堡壘之存在，華人之不得近接該處也明矣，故即此一點，亦足證日軍之自行爆破鐵路也。

三、事變前，日本守備隊於鐵路兩側，構築各個射散兵壕掩體，演習時，即以北大營、兵工廠、奉天城之包圍為目標。

四、事變為九月十八日夜之十時半，原因責任，尚在待證之中，而且九月十九日朝九時，日本軍部，竟以本莊繁名義，張貼石印之佈告，逕指為華軍之破壞鐵路，攻擊守備隊，且謂即行掃滅東北舊軍憲，並建設新政權之意，何事變後數小時內，日軍於多忙之中，竟得此神速之判斷，並伸述其主張，印刷張貼，令人不解，倘非事前有準備何能如此迅速，故即由此張佈告視之，亦可證其為計劃的行為也。

日軍既以計劃的行之，其政府且狡然向國際宣稱僅係衝突之性質，並無戰爭之行為，故毫無違反非戰公約之事可言等語，然觀其答覆西商之索飛機交涉文中，其關東軍參謀長，竟引用陸戰法規條文，沒收東北軍新購尚未償付之飛機，於此已自認為戰爭行為，尚何詞以辯之乎？

五、第七旅六百二十一團三營衛兵報告，九月十八日十時許，有日本守備隊乘壓道車於旺官屯附近降車，此亦足證明其為計劃的行為也。

六、日本各新聞記事，載有王旅長訓令記事，「日午前二時緊急集合，課目自定之」一等語，指為破壞鐵道之指令，殊不值識者一笑，其為某日尚燒缺而未明，益足證日人之誣偽。

七、事變時，中國榮參謀長，以電話詢問日本駐奉天總領事，答以候五分鐘答覆，五分後更問之，要求十分鐘後再答，十分後，亦無答覆，一點鐘後，答以外交官不能制止軍人行動，並日軍決不進城，結果，則反之，其為詭辯也明矣。

八、爆破地點，禁止參觀，事變後，多日禁止任何人之參觀爆破地點，Henry BuXton White氏通信記事中詳記該氏等前往被拒之經過，而華方記者（如國聞週報記者記事，詳國聞週報第八卷第三十八期遼吉被佔記實文內），亦有同樣之被拒，倘係華方爆破滿鐵者，日本當然歡迎招待各國人士參觀，以便為其證明，而日本反是，則其禁止前往者，其理由安在？豈其自造之偽證，尚未完善乎？日軍謂有危險，然華軍未抵抗，早已退至遠方，僅日兵守之，危險之意義云何，吾人不得而知矣，即此拒絕參觀之點，亦足證其自造偽證也。

九、十時三分十抵奉天（由長春發）之列車，按時到站，何爆破後，列車尚得安然通過乎？

十、事變前，日本守備隊，曾購置中國軍衣二千套，用載重車運至奉天日本兵營。

十一、日本學者，公然宣講承認，爆破鐵路係日本守備隊之行為。

（一）橫田喜三郎（帝國大學教授法學博士）十月十五日於帝大講堂，稿詳另章。

（二）中野琥逸（係奉天自治指揮部，奉天市政公署最高顧問）於滿蒙獨立建國論序文中，有造今回事變之原因者，事實為日本之所為，毫無疑義等語。

（三）高木翔之助（日本國民外交協會書記長）於其自著之滿蒙獨立建國論自序文中，有日本軍人已將滿洲為軍事的破壞，吾人應即起實行建設新國家事業等語。

（四）吉野作造（日本法學博士）係前日本中央公論主筆，為日本名士，記者友人，曾於事變後，訪問於其東京私邸，即以事變真相，並歷陳證據，證明鐵路爆破確係日本守備隊之行為時，被答，此中內幕，確如貴談，然內田滿鐵總裁，已照實報告政府，同時外務省接各方外交官之報告，亦知事變為日軍計畫的行為也，故幣原外相，屢與南陸相，閣議衝突者，亦為此也。

其他多數日本名士，及智識階級，多知事變係日軍之所為，此不過僅舉其一例已耳。

十二、日人除政府以國家責任關係，詭辯不肯承認外，多數國人，均知其軍部自破其鐵道，藉為口實，至日政府高唱之滿蒙懸案問題，更不足為軍事佔領之口實，因日政府宣布之五十四案，多係日本違法違約，最大者為吉會路敷設案，一九一八年商訂合同，日要求任日人為運輸會計兩主任，超越條約，我未允，一九二八，已修吉敦一段，我無違約，又打通吉海，梅西，指為有損滿鐵利益，籍口一九〇五會議錄之並行線，查一九〇八日使照會主張並行，以百華里為競爭範圍，而打通等路，最近者，亦在二倍以上，次為商租權，根據一九一五年北京廢約，指「萬寶山事件，未經華方許可，強掘民田，驅殺華人」為違約。

故日本之所謂違約案件，本無理由可言，所有相當理由，亦應以國際正當手續行之，無軍事佔領之必要，顯然違背國際公約者可知。

十三、中村事件，日本軍事密探，以黎明學會幹事，農學士中村震太郎之日本護照，且潛入禁止旅行軍事區域，衛戍者，自有盤查監禁之權責，而中村等，等於夜間破營逃脫，守衛兵追捕時，開槍威嚇，誤殺之，此亦為緊急時不得已之行為。

然此事件，自華方論之，本無屈可言，無顧全兩國國交計，誠意接受日本要求，正擬正式談判時，日軍竟誣以鐵路破壞為口實，而實行軍事佔領矣。是中村事件，與此次事變無關也，明矣，即有相當要求，亦應以外交手續行之。

十四、事變後，日本官民，共同以建滿蒙獨立國，為最良機會，乃以中國賣國者為傀儡，積極組織，使脫離中華民國而獨立，以遂其吞併朝鮮之故智，由此可知事變之發生，意義重大，明示其為計畫的行為，非一局部衝突，可知也。

十五、排日排貨問題，日本乘歐戰方殷，世界無暇為公理裁判之時，以最後通牒，強訂欲吞併中國之二十一條，其後山東出兵，引起濟南慘案，最近更於朝鮮指使鮮人，慘殺華人百數十名，更肆行無忌，強佔東三省。如此尚令被侵略者，和悅親者，為人類之所不能，故如欲停止排日行為，須侵略者變更其野蠻壓迫，誠意合作，方可有濟，否則倒因為果，吾知其不可能也。

十六、日人宣唱，於滿洲曾流十萬人碧血，二十億元之投資。

關於此點，日人秦生所著之滿洲事變真相文中，亦曾論及日人之不當，吾人復為介紹其意以代反駁，文為日本於日清日俄兩戰役，乃為主張正義，完成國防，不僅要求朝鮮獨立之確保，且亦為保持和平耳，試觀日俄將戰之前，日本致俄國之通牒如次：

（一）尊重清韓兩國之獨立，及領土之保全，對於兩國之商工業，守互惠主義。

（二）俄國承認日本在朝鮮之卓越利益，日本承認俄國有在滿洲經營鐵道之特殊權利。

等全部四條。

於此可知，日本當時之要求，僅為保存朝鮮之獨立，及日本於朝鮮有卓越利益而已，對於滿洲固未有何等之用意也明矣。幸以戰勝之故，遂得繼續承俄國在滿之利益，然亦有一定條約年限者也。

撫順煤礦，滿鐵會社等之各種事業每年純利之享有，達五六千萬元，此為出兵當時，夢想弗及者，因彼時出兵，不過為免除俄國之壓迫而已，今者不顧經濟利益，一味以侵略領土為正當，危險殊多也。

歐洲大戰中比利時之國土全部，被德軍佔領數年之久，法國領土，亦大部為德軍侵略，竟由聯合軍手所奪回，而自事後迄今，比法兩國，並未聞予聯合國以何種特殊利益，所以如此者，蓋因有正義在耳，況日後與俄戰，乃為其自己之生存，其動機及行為，固毫無為清國奪回滿洲已失權利之意也，為正義計，應將俄人之權利，交還中國，日本取之，已為不義，何尚有十萬生靈二十萬投資之可言。其為自身利，非吾人所敢深謝者也。

日人宣稱滿蒙為其生命線，此說大為荒謬，凡稍具常識者，均可知其無恥，國際上，絕無因自己資源不足，則定須侵略他人為合法之理，倘公平合理之貿易則可，強而取之，則不當，查日人常食白米，而東省則產紅粮，此不足供其食用，並且日本平均年欠食糧不過二三百萬石，昭和六年全國農民大會，因食糧過剩，要求政府收買七百萬石，並商之中國，欲向上海廣東輸出大米，其餘而未闢之耕田尚多，但合理經營之，年尚可輸出一部，是其生存上最大問題食糧，亦不成問題。反之，中國一九二八年，輸入大米一千二百六十五萬石，一九二九年輸入大米一千〇八十二萬石，麥粉六千四百海關兩，且滿洲並不以大米為主要農產，因多乾田故也，日人所謂生存線問題，令人難解也。石炭為燃料之大宗，然日本內地石炭業，排斥滿洲媒之輸入，每年且由日本內地向中國輸出，故此亦不足為生存線問題也。日本更唱為其國防線，斯則固有相省價值，然未聞國際間，有此怪論，以他國之領土，為自國之國防線，荒謬已極，同時滿洲為中國東北屏藩，於國防上極關重要，焉能充敵之用，以常識衡之，知其無理也，故為此等唱說，而為侵略滿洲之行動，任何人者，知其不可也，此更不足為事變之原因矣。

十八、以上略記諸節，足證日人所謂此次事變之遠因者，毫無思考之餘地，然日人所謂近因之由於破壞鐵道而起紛爭者，更足證日人之自欺欺人，察其事前之布置與挑戰行為及其經過，便可知矣，故事變之責任，應由日本負之，勿待言也。

（錄自東北問題研究會出版「九一八事變真相」一書）

（三）中日上海停戰及日方撤軍協定

——民國二十年五月五日

第一條　中國及日本當局，既經下令停戰，茲雙方協定，自中華民國二十一年五月五日起，確定停戰。雙方軍隊盡其力之所及，在上海周圍，停止一切及各種敵對行為。關於停戰情形，遇有疑問發生時，由與會友邦代表查明之。

第二條　中國軍隊，在本協定所涉及區域內之常態恢復，未經決定辦法以前，留駐其現在地位。此項地位，在本協定附件第一內列明之。

第三條　日本軍隊撤退至公共租界，暨虹口方面之越界築路，一如中華民國二十一年一月二十八日事變之前。但鑒於須待容納之日本軍隊人數，有若干部隊，可暫時駐紮於上述區域之毗鄰連地方。此項地方，在本協定附件第二號內容列明之。

第四條　為證明雙方之撤退起見，設立共同委員會，列入與會友邦代表為委員。該委員會並協助佈置撤退之日本軍隊與接管之中國警察間移交事宜，以便日本軍隊撤退時，中國警察立即接管。該委員會之組織，乃其辦事程序，在本協定附件第三號內訂明之。

第五條　本協定自簽字之日起，如意義上發生疑義時，或中、日、英三文間發生有不同意義時，應以英文本為準。

中華國民二十一年五月五日訂於上海

外交次長郭泰祺

陸軍中將戴戟

陸軍中將黃強

陸軍中將植田謙吉

特命全權公使重光葵

海軍少將嶋田繁太郎

陸軍少將田代皖一郎
見證人：依據國際聯合會大會中華民國二十一年三月四日決議案協助談判之友邦代表
駐華英國公使：藍溥森
駐華美國公使：詹森
駐華法國公使：韋禮德
駐華義國代辦使事伯爵齊亞諾

附件第一號

本協定第二條所規定之中國軍隊地位如下：

查照附連上海區郵政地圖（比例尺十五萬分之一）由安亭鎮正南，蘇州河岸之一點起，向北沿安亭鎮東最近小濱之西岸至望仙橋，由此北過小濱至沙頭東四基羅米突之一點，再由此向西北至揚子江邊之滸浦口，並包滸浦口在內。

關於此項地位，遇有疑問有發生時，經共同委員會之請求，由該會委員之與會友邦代表查明之。

附件第二號

本協定第三條所規定之地方如下：

此項地方在附連四地圖各別標誌為甲、乙、丙、丁，並稱為一、二、三、四各地段。

地段（一）見甲圖雙方訂明：（一）吳淞鎮不在此地段之內，（二）日方不干涉淞滬鐵路暨該路工廠之運用。

地段（二）見乙圖雙四訂明：萬國體育場東北約一英里許之萬國公墓，不在日本軍隊使用地段之內。

地段（三）見丙圖雙方訂明：曹家寨及三友織廠不在此地段之內。

地段（四）見丁圖雙方訂明：使用地段，包括日本人公墓及東面通至該墓之路在內。

關於此項地方，遇有疑問發生時，經共同委員會之請求，由該會委員之與會友邦代表查明之。

日本軍隊向上列地方之撤退，於本協定生效後一星期內開始，並於開始撤退起，四星期內撤完。

依照第四條所設之共同委員會，對於撤退時不能移去殘疾病人或受傷牲畜，採取必要辦法，以資照料，並辦理其日後之撤退事宜。此項人畜，連同必需之醫藥人員，得遺留原地，由中國當局給予保護。

附件第三號

共同委員會以委員十二人組成之。中國及日本兩政府暨依據國際聯合會大會三月四日決議案，協助談判之與會友邦代表即英美法義各駐華外交代表，各派文武官吏代表各一人為委員。該會委員會依照委員會之決定，得隨時任為必要數之助理員，所有關於程序事宜，由委員會內與會友邦代表委員中選舉之。

委員會依照其決定，以其認為最善之方法，監視本協定第一、第二、第三各條之履行，並對於履行上述各條之規定，有任何疏懈時，有促使注意之權。

（錄自中華民國二十一年中央政治會議檔案）

（四）國民政府告全國國民書

——民國二十年九月二十三日

日軍在東三省暴行發生以後，我全國人民應取之態度，中央已有詳切之指示。國民政府今以政府目前應付本事件之經過，及政府對於國民之希望，撮其要略，以陳述於全國之國民。此次日本軍隊在東省之暴行，其性質之嚴重，為空前所未有。此種事變，實於我國全國之存亡有莫大之關係。當本月十八日日軍暴行開始之時，事前既無肇釁之事端，而其舉動且與國際慣例及任何條約衝突，乃竟公然侵佔我疆土，殘我人民，戮辱我軍政吏官；且繼續暴行，有加無已。日人所加於我國之侮辱，實為對全世界文明國家之威脅。國際聯合會之設立，本為防止戰爭，且謀合各國羣力，以防止侵略。今茲事變起後，政府已立即將日人之暴行，報告於國聯，並要求第一步先使日軍立刻撤退。二十二日國聯行政委員會，開會對於停止軍事行動，及撤退軍隊已有決議，政府已電請國聯行政會，一俟日軍撤退，應立即設法對此蠻橫事件，謀一正當之解決。深信此次事件，苟經一公平之調查，國聯本其應有之職責，必能與我以充分之公道，及合理之補救。政府現時既以此次案件訴之於國聯行政會，以待公理之解決，故已嚴格命令全國軍隊，對日軍避免衝突，對於國民亦一致誥誡，務必維持嚴肅鎮靜之態度。至對於在華日僑，政府亦嚴令各地方官吏妥慎保護，此為文明國家應有之責任。吾人應以文明對野蠻，以合理態度顯露無理暴行之罪惡，以期公理之必伸。然為維持吾國家之獨立，政府已有最後之決心，為自衛之準備，決不辜國民之期望。時至今日，國內一切糾紛均應立時冰釋，全國同胞悉宜蠲棄私見，一致團結，羣集於國民政府之下，為國家謀安全，為民族求獨立。全國同胞，尤應確認非擁護國家之統一，無以對外；斷不容以任何意氣情感，搖動中央所決定之方策與步驟，以影響一致救國之決心。政府丁此困難艱鉅，承危處存亡絕續之關頭，惟當秉承中央方略，刻時注意，並隨時公開於國人之前。凡我同胞，其各信任政府，整齊步伐，一致聽中央之指導，誓死救國，以發揚我民族精神，湔洗我當前恥辱，此尤願與全國同胞共相警勉者也。

（錄自中華民國二十年九月二十四日出版國民政府公報第八八二號）

（五）外交部對淞滬事變宣言

——民國二十一年一月二十九日

自上年九月十八日，日本開始佔領瀋陽後，日益擴張其暴行，積極實施其武力侵略政策，今則國際商務集中上海，竟被日軍侵入矣！本月二十八日下午一時四十五分，上海吳市長對於日領一月二十日之　文，已經予以日領認為滿意之答復。乃是夜十二時，日本第一遣外艦隊司令官忽通告市政府，要求中國軍隊撤退，由日軍佔領佈防；同時即以武裝軍隊向中國軍隊首先用機關槍施以襲擊。二十九日繼續進攻不已，並以飛機二十餘架，不停止而且無區別轟炸居民稠密區域之閘北，該處已遭大火，居民死傷極多；當地中國行政、交通、文化機關及主要商店，多遭炸燬。截至現在，仍繼續其敵對行為。上海正在猛烈砲火之下，中國當局處此情形，為執行中國主權上應有之權利，不得不採取自衛手段；並對於日本武裝軍隊之攻擊，當繼續嚴予抵抗。

日本侵佔上海，顯係再行違背國際公約、凱洛克非戰公約、九國條約以及國際決議案之暴舉。而且轟炸砲擊人煙稠密之商埠，尤為人道所不容。各國人民生命財產，亦受重大危害，各國商務將有因是全歸停頓之虞，此種責任應完全由日本擔負。上海為中國經濟商業中心，而且地接首都，攻上海即係對於首都加以直接危害與威脅。日軍現正擴大軍事侵略行動，中國各地隨時均有重大危機發生，應請以上簽約國家採取有效行動，履行其條約上神聖之義務，勿使人道公理、公法條約，竟為日本暴力所蹂躪破壞無遺！

（錄自中華民國二十一年二月一日出版中央週報第一九一期）

（六）外交部對日宣言

——中華民國二十一年二月十九日

日本在滬軍隊利用各種戰爭利器，繼續向閘北吳淞地帶轟擊，歷史兩旬之久，致中國無數無辜人民之生命財產，蒙受鉅大之損失，猶以為未足，復於十八日下午八時四十五分，由其司令植田致送最後通牒於我國十九路軍軍長蔡廷楷，要求中國軍隊應於本月二十日下午五時三十分前，自其現在防線，向共公租界東西兩方面各完全撤退至二十啟羅米突以外，並要求將撤退區域以內，所有之一切砲臺及其他軍事設施，均一律永久卸除，同時並由日本駐滬總領事村井，以同樣通牒送致我國上海市吳鐵城氏。

查日本政府恆宣言維持中日和平，而在國聯盟約第十條之下，又曾擔充尊重並保存國聯各會員國之領土完整，政治獨立。最近國聯行政院且曾致請求書於日本，忠告其對於中國採取和緩之行動。乃竟提出如此出人意外之過當的要求，不但對中國國民予以重大的威脅，且實係對國聯之權威及非戰公約及九國協約等國際協定之尊嚴，予以直接之挑戰。此種要求，實危及中國主權及國格，中國地方當局，無論其具有何種避免流血之誠意，要絕對不能接受。日本軍隊憑藉其多數之援兵，及最新之武器，殆將重新從事大規模與更橫暴之攻擊。彼對於一切和平之呼聲，均充耳不聞，惟一決心，即在作戰。中國在滬駐軍為保衛中國土地計，迫不獲已，亦惟有從事自衛奮鬥到底而已。

（錄自中華民國二十一年二月二十二日出版中央週報第一九四期）

（七）中日簽訂塘沽停戰協定條文

——民國二十二年五月三十日

停戰協定

關東軍司令官，五月二十五日於密雲接受何應欽之軍使參謀徐燕謀所陳正式停戰提議：據此五月三十一日午前十一時十分，關東軍代表陸軍少將岡村，關東軍副參謀長，與華北中國軍代表陸軍中將熊斌，在塘沽簽定停戰協定，其概要如左：

（一）中國軍即撤退至延慶、昌平、高麗營、順義、香河、寶坻、林亭口、寧河、蘆臺所連之線以西以南地區、不再前進。又不行一切挑戰擾亂之舉動。

（二）日本軍為確悉第一項實行之情形，可用飛機或其他方法，以行視察，中國方面應行保護，並與以便利。

（三）日本軍確認中國軍已撤至第一項協定之線時，不超越該線續行追擊，且自動概歸還至長城之線。

（四）長城線以南，第一項協定之線以北及以東地域內之治安維持，由中國警察機關任之。

（五）本協定簽字後即發生效力。

中國華北駐軍代表熊斌□印

日本關東軍代表岡村寧次□印

（錄自外交部檔案）

降書

一、日本帝國政府及日本帝國大本營已向聯合國最高統帥無條件投降

二、聯合國最高統帥第一號命令規定「在中華民國（東三省除外）台灣與越南北緯十六度以北地區內之日本全部陸海空軍與輔助部隊應向蔣委員長投降」

三、吾等在上述區域內之全部日本陸海空軍及輔助部隊之將領率領所屬部隊向蔣委員長無條件投降

四、本宮當立即命令所有上第二款所述區域內之全部日本陸海空軍各級指揮官及其所屬部隊與所控制之部隊向蔣委員長特派受降代表中國戰區中國陸軍總司令何應欽上將及何

應欽上將指定之各地區受降主官投降

五、投降之全部日本陸海空軍立即停止敵對行動暫留原地待命所有武器彈藥裝具器材補給品情報資料地圖文獻檔案及其他一切資產等當暫時保管所有航空器及飛行場一切設備艦艇船舶車輛碼頭工廠倉庫及一切建築物以及現在上第二款所述地區內日本陸海空軍或其控制之部隊所有或所控制之軍用或民用財產亦均保持完整全部待繳於蔣委員長及其代表何應欽上將所指定之部隊及政府機關代表接收

六、上第二款所述區域內日本陸海空軍所俘聯合國戰俘及拘留之人民立於于釋放並保護送至指定地點

七、自此以後所有上第二款所述區域內之日本陸海空軍當服從蔣委員長之節制並接受蔣委員長及其代表何應欽上將所頒發之命令

八、本宮對本降書所列各款及蔣委員長與其代表何應欽上將以後對投降日軍所頒發之命令當立即對各級軍官及士兵轉達遵照上第二款所述地區之所有日本軍官佐士兵均須負有完全履行此類命令之責投降之日本陸海空軍中任何人員對於本降書所列各款及蔣委員長與其代表何應欽上將嗣後所授之命令倘有未能履行或遲延情事各級負責官長及違犯命令者願受懲罰

奉日本帝國政府及日本帝國大本營命簽字人中國派遣軍總司令官陸軍大將
岡村寧次

昭和二十年（公曆一九四五年）九月九日午前九時分簽字於中華民國南京

代表中華民國美利堅合眾國大不列顛聯合王國蘇維埃社會主義共和國聯邦並為對日本作戰之其他聯合國之利益接受本降書於中華民國三十四年（公曆一九四五年）九月九日午前九時分在中華民國南京

中國戰區最高統帥特級上將蔣中正特派代表中國陸軍總司令陸軍一級上將
何應欽

（八）波茨坦宣言

——民國卅四年七月二十六日

中美英三國政府領袖同意對日本發表公告，促其立即無條件投降，公告原文如次：

中、美、英三國政府領袖公告

一、余等：美國總統、中國國民政府主席及其英國首相代表余等億萬國民，業經會商，並同意對日本應予以一機會，以結束此次戰爭。

二、美國英帝國及中國之龐大陸海空部隊，業已增強多倍，其由西方調來之軍隊及空軍，即將予日本最後之打擊，彼等之武力受所有聯合國之決心之支持及鼓勵，對日作戰，不至其停止抵抗不止。

三、德國無效果及無意義抵抗全世界激起之自由人民之力量，所得之結果，彰彰在前，可為日本人民之殷鑒。此種力量當其對付抵抗之納粹時，不得不將德國人民全體之土地工業及其生活方式摧殘殆盡。但現在集中對付日本之力量則較之更為龐大，不可衡量。吾等之軍力，如以吾人之堅決意志為後盾，吾予以全部實施，必將使日本軍隊完全毀滅，無可逃避，而日本之本土亦必終歸全部殘毀。

四、時機業已到來，日本必須決定一途，其將繼續受其一意孤行計算錯誤，使日本帝國已陷於完全毀滅之境之軍人之統制，抑或走向理智之路？

五、以上為吾人之條件，吾人決不更改，亦無其他另一方式。猶豫遷延，更為吾人所不容許。

六、欺騙及錯誤領導日本人民使其妄欲征服世界者之威權及勢力，必須永遠剔除。蓋吾人堅持非將負責之窮兵黷武主義驅出世界，即和平安全及正義之新秩序勢不可能建立。

七、直至如此之新秩序成立時，及直至日本製造戰爭之力量業已毀滅。而有確實可信之證據時，日本領土經盟國之指定，必須佔領，俾吾人在此陳述之基本目的得以完成。

八、開羅宣言之條件必將實施，而日本之主權必將限於本州北海道九州四國及吾人所決定其可以領有之小島在內。

九、日本軍隊完全解除武裝以後，將被允許返其家鄉，得有和平從事生產生活之機會。

十、吾人無意奴役日本民族或消滅其國家，但對於戰罪人犯，包括虐待吾人俘虜者在內，將處以法律之裁判，日本政府必須將路阻止日本人民民主趨勢之復興及增強之所有障礙予以消除，言論宗教及思想自由以及對於基本人權之重視必須成立。

十一、日本將被許維持其經濟所需及可以償付賠款所需要之工業，但可以使其重新武裝作戰之工業不在其內。為此目的，可準其獲得原料，以別於統制原料，日本最後參加國際貿易關係當可准許。

十二、上述目的之達到及依據日本人民自由表示之意志成立一傾向和平及負責之政府後，同盟國佔領軍隊當即撤退。

十三、吾人通告日本政府立即宣布所有日本武裝部隊無條件投降，並對此種行動誠意實行予以適當之各項保證，除此一途，日本即將迅速完全毀滅。

杜魯門、蔣中正、邱吉爾

附錄四　「田中奏摺」眞僞之謎

稻生典太郎

（一）有關「田中奏摺」的幾個問題

一九二七年四月二十日成立的田中義一內閣，沒設專任的外務大臣，由首相兼任，以至一九二九年七月二日內閣總辭職，在這期間的所謂田中外交，常常被拿來與其前後的所謂幣原外交相比，而認為前者非常積極，同時視其為侵略的同義語。尤其是從組閣不久的六月二十七日到七月七日，由田中外相召集有關官方人員所舉行的「東方會議」，日本的報界雖然不怎麼重視，可是中國方面卻極其注目，並相信在這個會議中日本政府決議了侵略中國的政策。而中國有人主張說，國民政府外交部長伍朝樞對日駐華公使芳（澤謙吉）就日本的對華政策提出反對就是它的說明（蔡元培「中國人看中日外交秘史」）。

姑暫不談田中外交的歷史評價，世上有所謂田中首相根據「東方會議」的決議密奏日皇的「奏文」（有田中奏摺、田中備忘錄等名稱）。這個所謂「田中奏摺」，係以本文題名「我帝國對於滿蒙積極根本政策之件」的「田中義一上日皇之奏章」和附屬文書「對滿蒙積極政策執奏之件」（一九二七年七月二十五日田中宮內大臣一木（喜德郎）轉呈的書簡）這兩個文書所構成。「田中奏摺」的真偽至今雖尚無定論，但卻長年地出沒於國際舞台，使日本非常難於接應。

奏摺真偽之說 各家見解不同

「田中奏摺」在一九二九年底首次問世，同時以中文本和英文本在中國和歐美各地流傳，可是至今並沒有日文本出現。因此，與「田中奏摺」流傳的同時，便有人認為這是偽造的文書。而在這個文書還沒有弄清楚究竟是真的還是假的之前，在中國激烈的「排日」運動過程中，遂被利用為「排日」的最好資料，一再地宣傳，而終於成為一種歷史「文獻」。凡是講授東亞國際政治史的人，沒有一個人不提到「田中奏摺」，歷史辭典上甚至於有「田中奏摺」的項目。

以往各家對於「奏摺」的真偽，大致有以下四種說法。

一、認為是真的。

大部分中國人皆主張這種說法。「外交大辭典」（王卓然、劉達人編，民國二十六年出版）之「田中奏議」可以為其代表，它說：「田中奏摺是一個確定的事實，毫無疑義。」

美國的羅勃．史密斯（Robert A.Smith）在「我們的未來在亞洲」（Our Fu-ture in Asia, 1940）一書也說：

討論田中奏摺之真假實沒有多大意義，……由於一九三〇年以還日本軍事政策的演變與田中奏摺的內容太吻合了，所以如果它是中國人的偽造，這個曖昧而匿名的中國人，當是以賽亞時代以後最偉大的預言家。

曾任日本外務省特別顧問的美國人腓特烈．摩爾在其所著「與日本領導者在一起」（With Japanese Leaders, 1942）一書，並沒有提出理由（證據）而斷言說：「毫無疑問地它出自田中的親筆。」

蘇聯的愛多斯在其「日本現代史」（一九五五年日譯本，上卷）說：「日本人欲否認田中奏摺的可靠性，但日後的情勢卻完全證明這個命題是日本外交政策的基礎」；朱可夫主編的「遠東國際政治史」（一九五六年日譯本，下卷）也以從日後情勢的進展來看，田中奏摺的內容是正確的這種觀點來討論「田中奏摺」。這種看法相當多，這不能不奇。

二、認為七分是真的。

三分是假的。它的立場是世上所流傳的「奏摺」也許是假的，但應該有類似它的計畫或者決議存在才對，這是日本一部分學者的一般見解，日本出版的「日本歷史大辭典」（一九八五年，河出書房出版）、「日本近代史辭典」（一九八五年，創元出版社）、「世界歷史辭典」（一九五二年，平凡社出版）等大致皆有同樣的記載。尤其是後者對於「東方會議」這樣說：「……而且東方會議除以上發表的事實以外，似乎還有秘密會議和秘密的決定。所謂田中奏摺、田中覺書便是。……這個文書是否真的是田中奏摺，雖然不無疑問，但我們有相當根據推測秘密會議曾經作過類似的決定。」以為東方會議的秘密會議有過這樣的決定。在日本，這種見解的勢力頗大。

三、半信半疑。

譬如日本學者植田捷雄在「日華交涉史」（一九四八年出版）說：「奏摺的真偽，至今仍然不明。」阿瑟・A・楊特曼著「現代日本」（Moden Japan, 1955）一書，在其第一章刊登奏摺的全文，作為資料，但並沒有提到其真偽。日本歷史學研究會編「太平洋戰爭史」（一九五三年，I滿洲事變）也把「奏摺」的日譯文作為資料刊出，但在其本文的解說，既可以解釋為真的，也可以解釋為假的。W・W・威羅比著「日本事例的檢視」（Japan's Case EXamined, 1940）一書列舉了出版當時所知道有關「田中奏摺」各國的說法，但沒有斷定其真偽。

四、認為是假的。

一九三〇年二月，日本外務省斷定「田中奏摺」是假的而受到國民政府的嚴重抗議；該年六月，日華俱樂部將中文版的「田中奏摺」譯成日文，並認為這是偽造的文件。從此以後，也出現了以它為偽造的若干論說。英修道在「滿洲國與門戶開放問題」（一九四三年出版）明確地論斷說：「不能根據這種偽造文件來論述中日問題」；此外，清澤洌的「日本外交史」（一九四一年出版）、戰後岩淵辰雄的「對支外交史論」（一九四六年出版）都持此意見。不過，戰後各人的記述，從半信半疑到類似真實文件的說法佔絕對多數；迨至最近，小山弘健、淺田光輝在「日本帝國主義史」（第二卷，一九五八年出版）認為，「田中奏摺」「在今日已經搞清楚是偽造的」，是「謀略文書」；平凡社於一九六〇年刊行的「亞細亞歷史事典」上說：「在形式上，作為奏摺有不明白的地方，從日本人看來，它有極端的錯誤，在日本，人們認為這是偽造的文件」，並舉出若干的有關文獻。衛藤瀋吉則在其「南京國民政府與田中外交」（一九六二年，中央公論社出版的「世界的歷史」，第十五卷）中，列舉「田中奏摺」五個地方與事實不符的內容，以證明其為偽造的文件。

另一方面，早者如松岡洋右之「動盪的滿蒙」（一九三一年出版）、戰後重光葵的「昭和之動亂」（上卷、一九五二年出版）、森島守人的「陰謀・暗殺・軍刀」（一九五〇年發行）有田八郎的「人家說我是糊塗八」（一九五九年出版）等等，外交官出身者的著作都說「田中奏摺」是偽造的文件。反倒是一九六〇年問世的「田中義一傳記」雖然說「田中奏摺」是偽造的，惟因其記述很錯雜，因此事實反而曖昧。

C・K・威布斯達（倫敦大學教授）在其論文「日本與中國」（Japan and china, Magazine Contempory Review, June, 1943）斷言說：「無疑地，這個文獻是偽造的」，這是外國人說其偽造的文件最早的一個例子；而河上清在其著作「日本說」（Japan Speaks, New York, 1932）的附錄，特地設「田中奏摺」一章，舉出六個與事實不符的地方。河上此書的序文，係由當時的日本首相犬養毅所撰，犬養提到「田中奏摺」說，希望由此能夠拂拭和恢復因為這個偽造文件而對田中所造成的誤解和不名譽。

資料版本不一 流傳世界各地

「田中奏摺」長年地幾度在各地刊行，因而其所流傳的資料（版本）有好多種。歷史研究會編「太平洋戰爭史」的「奏摺」（日文），和岩淵辰雄之「對支外交史論」所引用的「奏摺」（日文）是相同的，他們根據的，可能是一九三〇年六月，日華俱樂部所出版的「中國人看日本的滿蒙政策」（日文）。而其所根據的原作是，民國十八年十二月所發行的「時事月報」第一卷第二期的「驚心動魄之日本滿蒙積極政策——田中義一上日皇之奏章」（中文）。

這篇文章轉載於滿洲各地報刊；九一八事變爆發以後沒多久，在中國各地所出現許許多多的抗日文獻，也都根據這個「奏摺」。譬如汕頭民眾抗日救國會翻印了出版於上海的小冊子「日本田中內閣侵略滿蒙之積極政策」（中文），而這些都是以「時事月報」的該文加上激烈的序文和跋文而成的。

至於英文的版本，上述的威布斯達和惕特曼，以及湯良禮的「傀儡國家滿洲國」（Puppet State of Manchukuo），都根據一九三一年九月二十四日的「中國評論」（China Critic）第四卷第三十九期所刊登者而來。這個英文版的「田中奏摺」，日後又出現許多翻印小冊子，並散布於美國各地。而「田中首相奏摺」（The Memarial of Premier Tanaka,

1934, Seattle）等等便是它的例子。

一九四六年，作為伊斯克拉（火星）叢書第一本，出版了「日本帝國主義的陰謀——田中義一首相上奏侵略滿洲覺書全譯本」（日文）。它的序文說，這是「一九三一年或者一九三二年」，日本共產黨「付出很大的犧牲」，從「國際共產」（Kommunist International）第八卷二十二期所翻譯的翻印版本。

與此同時，於一九三二年，莫斯科的蘇聯外國工人出版社出版了「請看日本侵略滿蒙的陰謀——田中首相底呈文」（中文）。由於火星叢書的解說與莫斯科小冊子之「編者底話」的文字完全一樣，由此我們可以知道這個中文的小冊子，係上述K·I的翻譯。而K·I的文章之為前述「中國評論」的文章，我們可以由惕特曼的資料和火星版的對照窺悉。

根據朱可夫的說法，「在俄文，論集·佔領滿洲與帝國主義者的鬥爭，乃於一九三二年發表於莫斯科」，而這也是來自「中國評論」。

亦即巷間所流傳中文的「田中奏摺」係以「時事月報」為根源，而歐文的「田中奏摺」則源自「中國評論」。

一九二九年十月上旬，駐北京日本公使館，得悉將前往京都參加第三屆太平洋會議的中國代表擁有中、英文本的「田中奏摺」。其中文是「奏摺」可能是曾經刊登於「時事月報」的文字。英文「奏摺」是某人把它保存了兩年，或者因為爆發九一八事變而才把「奏摺」譯成英文，我想前者的可能性比較大。

奏摺惡名留傳　對多國造成重大影響

一九六〇年二月二十六日，蘇聯首相赫魯歇夫在印尼國會作了相當長時間的演說，嚴厲指責日本政府與美國所簽訂的美日安全條約：「日本的統治階級是不是想把田中（義一）之異想天開的計劃再度揪出來？他們真的以為各國的國民已經忘記了沒多久以前曾經使東亞各國國民屈服的日本帝國主義者的侵略行為？……」，以再次揪出「田中奏摺」的亡靈。是即時至今日，在國際上名聲極壞的「田中奏摺」，時或會出現。因此，我想把「田中奏摺」所引起的影響，舉出幾個例子說明如下。

一九四六年七月二日，（前首相）岡田啟介證人向遠東國際軍事法庭所提出宣誓供書說：「田中首相具有有關（中國）大陸的最後計劃」，對此清瀨（一郎）辯護人問說：「這是不是指類似『田中奏摺』而言？」但岡田證人否認了。七月二十四日，秦德純證人對於林辯護人的質問答說：「我不知道是否有其原文，我沒有看過其原文。」這是秦德純證人提到「田中奏摺」，林辯護人問他時所作的答覆。克賴曼辯護人說：「所謂田中計劃，是中國共產黨創造的」，但威布審判長卻阻止其再發言下去。七月二十五日，威布審判長親自問秦德純證人其對所謂田中覺書的真實性有多大把握。秦證人答說，他不能證明它是真的還是假的，「但事實上爾後日軍在中國逐步實行的事實，田中奏摺令人感覺其作者田中宛如是預言家」。八月二日出庭作證的森島守人證人回答克賴曼有關「田中奏摺」真偽的質問說：「我聽說過，但我知道那是假的。」（以上皆根據速記錄）。要岡田、秦證人肯定說出其真假實在有困難，而森島證人的陳述也不夠充分。森島為補充其作證，曾經在其「陰謀・暗殺・軍刀」一書就「田中奏摺」出現的經緯有所說明。

一九四四年十月，太平洋戰爭的戰局對日本極其不利時，莫斯科的「戰爭與勞工階級」雜誌第二十一期，刊登了伊・朱可夫一篇題名「美英軍登陸菲律賓與太平洋戰局的變化」的論文。其中一段說，日本既以落魄到此種地步，還要發表聲明說日本不欲擊滅美英，只使其不可能實現其企圖已經算是勝利，「這種聲明表示有如田中上將將奏摺之日本的侵略計劃逐漸藏在其心裡」。蘇聯一貫的見解是：日本的對外行動，完全根據「田中奏摺」。

獲得佐藤（尚武）大使這篇論文之報告的重光（葵）外相，立刻訓令佐藤對蘇聯政府提出：日本的戰爭目的不是所謂「田中奏摺」的性質；而據說，看到這個訓令案的外務省顧問本多熊太郎諷刺地評批它說，這正是作文外交的一個範例。

一九四〇年四月，在美國眾議院的海軍委員會，退役海軍少將的約瑟夫・K・陶新引述「田中奏摺」說，這是非常可靠而明確的日本政策，美國海軍的軍備是否受到它的影響。對此美國海軍當局答說，完全沒有這回事。由此，駐華盛頓的日本大使館，立即發表了列舉六個主要齟齬的地方，主張「田中奏摺」之不可信的談話（前述羅勃・A・史密斯書）。

一九三二年十月，公佈了李頓報告書，隨即在國際聯盟第六十九次理事會席上（十一月二十一日），中華民國代表顧維鈞以「田中奏摺」是「九一八事變爆發之前，關於其真實性，沒有任何疑問地，是日本報紙一再提到的記錄。」兩天後的十一月二十三日，日本代表松岡洋右反駁顧維鈞說，其為偽造的文件，就日本人來說是毫無疑問的。顧代表即刻站起來反擊說：「田中奏摺」是思想的問題，對此松岡道：該項記錄如果是真的，拿出證據來。於是顧維鈞道：「如果這個記錄是揑造的，也必定是你們日本人揑造的。因為任何中國人都不可能那麼詳細而成功地寫出現代日本所實行的政策。……關於日本該項記錄的存在問題，唯有能夠看見東京帝室文庫的人才能提出其證據。但我認為，這個問題之最好的證明是，今日滿洲的整個情況。」

松岡洋右於一九三二年七月所出版乃著「動盪的滿蒙」一書，特地在其開場白說要掃除對於「田中奏摺」的誤解，而說今日世上所談論之「田中奏摺」的原文：「乃是住在北京的某國人所偽造，而且說有確實的證據，但我卻認為，或許是日本人為賺錢而所偽造，並以高價賣給中國人，買到此項文件的中國人以為這是真的，而今日即使這個人知道這是假的也不敢公開承認。」又在日內瓦，松岡洋右為駁倒顧維鈞的反駁進而更詳細地說：「我擁有這個記錄是在北京的某個公使館之陸軍武官，在某中國人默認下寫成的報告。……日後我從確實能夠信賴的人，得知某日本人起草了說是包括日本參加東方會議者之行動計畫的秘密報導的報告，至今我仍然相信這是它不折不扣的真相。中國人以五萬美元買了這個記錄。這是事實，我相這個是事實」，而比前一年的記述還進一步說出了「事實」。松岡的這個說法，對於「田中奏摺」許多猜測，點到最關鍵的部分，但熟悉松岡之為人者卻認為，松岡在一個一個的議論雖然非常井然有序，可是整個地來說，到底有多少程度的真相，實在不得而知。

九一八事變一爆發，中國方面便認為日本開始實施「田中奏摺」的侵略計劃。隨之出版許多各種各樣的「田中奏摺」小冊子，不僅散布於全中國，而且在上海印的英文版「田中奏摺」也寄到美國西雅圖，當地的中國人則把它翻印成幾種，並分別寄給美國各地的報館等等。

正在此時，一九三二年四月分的日本雜誌「文藝春秋」刊載了「聽取久原房之助氏意見的座談會」。由於「紐約時報」的東京特派員，就是這個座談會發出驚人的說其暴露了日本滿洲政策史之秘密的消息（四月五日），因此，駐紐約的堀內總領事遂發表「田中奏摺」是假文件的談話，並刊登於「紐約時報」，以為辯解。

「K．I」刊出「田中奏摺」的全文，莫斯科的蘇聯外國工人出版社推出「田中首相呈文」；以及日本共產黨之出版「田中奏摺」的日譯本，都是為九一八事變和上海事變以抨擊日本而作的宣傳資料。

一九三〇年一月十八日，吉林總領事石射豬太郎給南京的上村領事打電報說：

最近貴地所發行去年十二月份的「時事月報」雜誌，刊有很長題曰田中義一奏摺的排日文章，由於說是奏摺，所以當地一部分人士似乎受到衝擊，而且據說有人要把它印成小冊子。關於這篇文字，貴官對於中國方面有沒有採取任何措施？為供你對當地官警提出了取締上述文件要求之參考特為奉告，並請回電

這是日本外務省或者駐外機構第一次公開對「田中奏摺」事提出問題。對此，上村領事於一月二十日回電報說：

本館並不知道有這篇文章，惟根據來示，我遂與周龍光見面，以因中日兩國政府的努力，兩國問題關係日漸轉好之際，令其流傳這種無稽文字，刺激人心，自非你我所願，希望他阻止其流傳的主旨，與其懇談。周說他也不悉這個雜誌刊有這篇文章，不過田中首相奏摺，流傳非常廣泛，故只取締「時事月報」也解決不了問題，應迅速查出其出處，採取

不令此種無稽言論妨害中日間關係的措施。

這個電報的往返，立刻報告到日本外務省。就此事，外務省於二月十四日，要日本駐中國各地的總領事和領事，調查「田中奏摺」流傳的實際情況，並訓令其要求各地機關取締分發「奏摺」或者取消有關新聞報導，同時將訓令抄送日本駐歐美各國的使館，要其警戒「奏摺」的流傳。其結果，從瀋陽、天津、間島、哈爾濱、吉林、漢口各領事館都對外務省寄來提出抗議的報告，和「田中奏摺」的小冊子以及刊登它的雜誌等資料。

四月九日，在南京，重光代理公使求見王正延外交部長時，據傳，王部長答說：「該項奏摺，我也看過。你的意見我可以瞭解，所以我想盡量來取締，不過要禁止其發售小冊子，恐怕很難徹底，因而我建議不如由你適時發表你的主張，以消除一般人的誤解，你以為如何？」

總之，「田中奏摺」在世上流傳的源頭是「時事月報」所刊登的那篇文字，隨則在中國各地予以轉載和翻印，所以日方非常重視這個文件的流傳，因此即時要求中國當局予以取締。若是，我們來看看「田中奏摺」刊登於「時事月報」的來龍去脈。

三屆太平洋會議 滿洲問題是爭論焦點

一九二九年秋天，第三屆太平洋問題調查大會（即所謂太平洋會議）召開於日本。此次特地應英國要求，以遠東政治情勢的實際問題為討論的中心議題，因此在開會之前，人們便預料滿洲問題將成為中國與日本爭論的焦點。這個消息一傳到滿洲，各大都市就舉行「太平洋國交討論會」，以研究如何收回日本滿洲各種利權的具體方策。當時，中國報紙時或報導在太平洋會議，日本可能提出有關其併吞滿洲政策的論文，實值得注目。這個情勢，使一向對滿洲問題不太感興趣的廣東方面知識分子，也開始非常關心這個問題。

七月，成立於奉天（瀋陽）的「遼寧國民外交會」的活動最積極，他們散發許多排日的宣傳文件，其中有強調日本與蘇聯合作致力於侵略滿洲者，由此亦可窺悉中蘇關係之如何險惡。十月左右，該會密寄給奉天、吉林各縣教育局、學校等的文件之中，有「打倒滿鐵會社」的文字，其「茲分說日本侵略東三省之手段」的開頭部分，與「田中奏摺」的內容幾乎是相同。又該會十月中旬所散發的排日檄文說：「根據最近確實方面的情報，俄日之間簽訂了六條的密約」，並刊出其所謂全文。這個文件如果提出來勢將成為很大的問題，但卻似乎沒有什麼反應。

要出席太平洋會議的幾個中國代表，在前往日本之前，曾經到滿洲各地去搜集資料，並與當地各界人士交換意見，以提高氣勢。

對於這種情勢，日方曾予密切注意。九月九日，林（久治郎）奉天總領事，從奉天滿鐵公所所長鎌田彌助獲得：最近中國在東京以五萬日圓購得「日本將在太平洋會議提出的議題」內容，並將其一部分抄本寄給張學良的情報。爾後，經過林總領事求證的結果，得知這個「議題」是太平洋會議的中國代表余日章請其在東京的朋友獲得的，但卻完全無法知道議題的名稱等等。惟當時奉天的報紙，一再地刊載所謂日本在太平洋會議要提議的條件，所以只是議題就付出五萬日圓，價錢未免太貴。

宛如呼應著鎌田情報，九月十六日，日本駐北京代理公使堀內（干城）向外務省發出如下的電報：

今秋將出席京都太平洋會議之National City Bank的別聶特來稱，根據極其可靠方面情報所得悉，十六日，戈爾曼（出入使館的新聞記者）對須磨（彌吉郎，日本公使館書記）說，上海基督教青年會秘書長L. T. Chen（陳立廷）於十四日由北京前往上海，出席基督教青年會，並計畫在該項會議席上發表田中首相之前所謂上奏日皇的國策案翻譯文，以大事喚起世界的注意，其所謂國策案，係以：

一、日本將獲得滿洲；

二、對中國全面實施壓迫的政策；

三、為實行以上各項勢非與美國開戰不可，故要從現在開始準備。

的三項為要點，須磨則向戈要求設法取得前述所謂翻譯文的抄本。

關於開始露面的「田中奏摺」，堀內代理公使繼於十月三日，對外務省發出如左的電報：

金井（日本鐵道省駐北京官員）與中國代表之一的鮑明鈐會談，談到本件小冊子時，鮑說該小冊子之根據是否確實並不清楚，而其翻譯日文所寫文章雖屬事實，但從日文譯成中文，再由中文翻成英文，其原意是否正確，實不無疑問。且在大會分發此類文件，是否上策，有待商榷等等。故不應以中國代表名義，而由個人去分發為宜，同時肯定上述日文原文係由日方購得。又，美國代表之一的「格林」（洛克菲拉財團駐北京代表）對金井的問話答說，他看過此小冊子，於是金井對他說，鑒於日本官界的實際情形，如此重要的機密文件不可能洩漏到外國，何況即使其奏摺，也不會有這樣詳細的敘述，故這個文件是捏造的，對此格說不要太重視這種文件，並表示在此會議，中日代表如果有爭論，非常不好，因此希望中日雙方應先懇談，至於滿洲問題當盡量排在後面討論。

此時，中國方面剛把這個「田中奏摺」拿到手，似尚不知其真假，也還沒決定要怎麼處理。雖然說是其原文係由日人所撰，但他們卻只談著中文和英譯文，並於九月間，北京的一部分新聞記者和美國代表已經看過過英譯本。金井之對格林馬上說它是偽造的文件，堪稱為很明快的處置，但中國方面則不管其為真假，而說其係出自日人之手也是當然的。

迨至十月七日，日方於外務省召開「太平洋問題調查會會議討論事項」的準備會議，並決定幾項議題，但「田中奏摺」完全沒有成為話題。因此，前述鎌田情報所說中國人以五萬日圓購得的所謂「議題」，應該是另一種東西，即謠傳的文件。九月二十九日，田中義一在東京去逝，十月五日，創刊於上海的「禦侮宣傳報」（排日雜誌）很快地刊登田中的訃聞和略傳，說他是推進日本的滿蒙積極政策的禍首，但對於「田中奏摺」卻隻字未提。這說明在田中去逝前後，上海方面的中國新聞界對於「田中奏摺」還是毫無所悉。

根據有田八郎和森島守人的回憶，召開太平洋會議後，就「田中奏摺」的發表方法，中國代表與日方接觸，外務省亞細亞局長有田認為：最好由中國代表在會場公開提出，並當場反駁其為偽造的文件；但日方的大會委員與中國代表交涉，中方同意不把它當作會議的附屬文件分發，可是中國代表卻向新聞記者公開了。在會議席上，如所預料，中日雙方有過極其激烈的辯論，但對於「田中奏摺」雙方卻都完全沒提。

如前面所說，中文版之出現，於一九二九年十二月，南京「時事月報」第一卷第二期的「特件」欄。從時間上來說，與太平洋會議的中國代表提供其手上資料正相符合，而「時事月報」的主筆立韓就「田中奏摺」寫了解說的序文說，為研究日本侵略政策的實際情況，「本社同人爰即派員分途探查，冀欲一明真相。最近在東京某處獲得田中秘密奏章一件。亟照原文移譯刊載」，並說其資料來自東京。

要之，一九二九年八月左右，中國以相當多的金錢買過日本某種文件和資料。九月，中國代表手上的「田中奏摺」，以中文和英文的姿態出現於北京。十月，這些文件被帶到奈良和京都，並公開發表。十二月，南京的月刊刊出其中文的全文。而且，「田中奏摺」還有昭和二年（一九二七年）七月二十五日的日期，並說這是田中首相根據東方會議的決定事項所起草的。若是，東方會議究竟決定了什麼事呢？文，該項會議的決定事項，到底有沒有上奏過？

田中召開東方會議，討論解決滿蒙懸案之道

從一九二七年六月二十七日到七月七日，舉行於東京外務省的東方會議，乃由田中義一首相以外相身分召集的，至於這個會議的經緯，有「東方會議經過報告」的記錄。

（一）這個會議，只就滿蒙地方及其他的老懸案事項由與會者表示意見和交換資訊，並未作建立根本的滿蒙政策的協議和決定。

（二）閉會的七月七日，田中外相的訓示為「對支政策綱領」，田中於前一天的七月六日下午二時，進宮上奏日皇，並獲得核可。但當時的新聞報導，只說六日的進宮是為了請親裁日軍進攻濟南，並沒有報導「綱領」的上奏。

（三）訓示當天，報紙所公布的「綱領」，與田中的口述幾乎是相同（八個項目當

中，只有第七項的數目有些省略而已）。

（四）這個「綱領」可以說是田中對滿蒙政策的摘要，他強調和說明：為使滿蒙地區成為中國最好居住的土地，應以門戶開放均等主義，歡迎外國人。這一點，在評估田中外交時往往被忽略。

（五）外務省就這個會議該討論的往往被忽略。

甲號 關於解決安定滿蒙政情懸案之件（亞細亞局案）

另紙第一號 關於整理東三省財政問題之件

另紙第二號 關於滿蒙鐵路之件、關於滿蒙鐵路計劃之件、關於吉林海龍間鐵路之件

乙號 發展對支經濟策（通商局案）

丙號 關於救濟長江方面僑民（日僑）之件

這個試行方案在這個會議上雖然提出了，但並沒有原案成為決定事項。

（六）會議的出席者，都分得包括上述三個試行方案的十幾種資料，這由前述報告上所列分發資料目錄都可以瞭然。

（七）為這個會議的參考之用，還準備了幾十種文件。其中包括吉田（茂）奉天總領事那著名的強硬意見書。

關於東方會議，我們只談到這裡，不過就懷疑日本要插足滿蒙的中國來說，有許多令

中國人覺得是有關這方面的資料是事實。

就「奏摺」的日期七月二十五日前後而言，田中係於二十七日進宮。報導說，他上奏的是有關中國政局和山東派遣軍的近況。八月十五日，在旅順關東廳長官官邸召開了有如東方會議在當地復習的所謂「旅順會議」；自九月二十一日至二十四日，在東京再度舉行了「關於解決滿蒙懸案的會談」。中國方面的「疑神暗鬼」，因而更進一步。但在實際上，譬如八月二十九日在樞密院會議報告政情時，外務省所準備有關東方會議的報告，因為時間關係而省略了，又從九月二十一日的會議田中所說的，也祇是前述「綱領」的詳細說明而已。因此如果在東方會議真的決定了重要國策，我相信不可能這樣草草了事。

惟因為以往的種種經過，日本在滿蒙的懸案實堆積如山，與此同時，日本正在出兵山東，難怪中國人會「神經質」（很敏感），因而反對田中滿蒙政策的排日報導不斷地出現於中國報紙上，及至八月底，更喊出「打倒田中」的口號。

如此這般，政局變遷，一九二八年五月的濟南事件，六月四日炸死張作霖事件，北伐軍進入北京（六月九日），東北易幟（十二月二十九日），一九二九年七月二日田中內閣垮台，俄日兩軍在滿洲里的衝突（七月）等等，以至於前述太平洋會議之召開。在這前後，日方的機密情報再三洩漏到中國，的有秘密資料似乎也落到中國人手裡，因此日方的意圖早為中方所知悉，致使交涉非常困難，這是許多電報所承認的。

發生炸死張作霖事件以後，由於滿洲情勢劇烈變化，外務省曾經慎重檢討過前述「政策綱領」應該修正那些部分，結果認為沒有變更的必要。這說明：「政策綱領」是田中外交的一切，除所公開的「政策綱領」以外，在東方會議沒有任何的秘密決定。又，於一九二八年九月二十四日，田中首相曾經詳細上奏過「最近支那關係諸問題」，此時田中說，日本必須準備以廢除治外法權換取滿洲對日本人的開放，故目前日本亟需履行一九二五年的「日支條約」的規定。由此我們可以充分瞭解：田中的對華政策，實與「田中奏摺」完全不同性質（請參閱「日本外交年表及主要文書」下卷）。

田中奏摺內容　錯誤與矛盾處頗多

首相上呈日皇的文書，依常識（常理）判斷，不該有單純的事實的錯誤。可是「田中奏摺」卻有好幾個地方很明顯的錯誤和矛盾。這早已由幾位學人所指出。一九三二年，河上清列舉以下六點：

（一）「田中奏摺」說「山縣有朋友反對華盛頓條約」，但簽訂該項條約時，他已經不在人間了。

（二）田中前往歐美，是有華盛頓會議前二十年，不是「奏摺」所說華盛頓會議的時候。

（三）田中在上海遇刺，不是「我旅行歐美的歸途」，而是訪問馬尼拉的歸途，又行刺未遂的犯人不是「中國人」，而是朝鮮（韓國）人。

（四）「奏摺」說「對馬和菲律賓是一投石之距離」，其實有一千七百英里的距離。

（五）「奏摺」說「關東廳都督福島將軍的小姐做了蒙古王族的顧問」，但福島將軍任都督時其小姐十五歲，是華族女中的學生，而且以後也沒去過蒙古。

（六）「奏摺」說「福岡師團」，但事實上福岡沒有師團。

以上河上所舉出的六點，可能是根據日本駐美大使館提供給他的資料，也似乎是外務省前此指示其駐外使館要求收回「奏摺」的根據。而於一九四〇年堀內大使談話中的六點，應該是它的重複。

衛藤（瀋吉）氏所指出五個錯誤如下：

（一）山縣云云與上述的（一）相同。

（二）田中的遭難云云，與上述的（三）相同。

（三）「奏摺」說「原敬內閣乃在田中旅行海外中崩潰」，但其崩潰是在田中回國以後。

（四）一九二五年五月竣工的吉海鐵路，一九二七年七月的「奏摺」卻說「已經通車」。

（五）「奏摺」的形式有問題。

關於奏摺的形式不對，於一九二九年，當時的有田亞細亞局長也說，他一看這個「奏摺」便馬上發覺，因為上奏文在手續上要經過內大臣，絕不假宮內大臣之手，凡是稍微懂得日本官規的人，都不會犯這種錯誤才對。

岩淵、清瀨各氏也指出以下各點

（一）民間人之使用「金枝玉葉」這種字眼，從日本人來說是非常奇怪的用法。

（二）田中免於遭難，而自己說「皇祖皇宗之神佑」也不可思議。

以對「奏摺」的執筆者表示懷疑。又，對於這種類似的疑問，我們還可以從「田中奏摺」找出幾點

（一）「十把一束」（習慣上都說「十把一絡」，是不分清紅皂白的意思——譯者）這個措詞，即使在「奏摺」的日語原文中有這種俗語，也不是上呈日皇文書應有的文字。退一步來說，如果是中譯時的措詞，這個譯便是此種日製漢語的常用者。

（二）「帝國主義」、「四頭政治」等文字，用於上奏文書既極不適宜；又日本人是絕不會說「大連長官」的。這些特殊用語，如果是「奏摺」的日語原文，自可判斷撰寫這種日文者的出身是什麼。

（三）「奏摺」中說俄日合作企圖侵略滿蒙的一段，是與前述「簽訂俄日密約」同一性質之當時欲離間中蘇關係的無稽勾當，它打破了「奏摺係由中共撰寫的說法」，從而更縮小了「奏摺」原作者的推定範圍。

（四）「奏摺」說「本年國際工業電氣大會將在東京召開」，但一九二七年並沒有這個大會。這一定是指一九二九年十月的「國際動力會議」而言。

其他的事實上的錯誤和措詞上的疑問，即使能作任何方式的辯解，但從衛藤氏所指出的鐵路通車的日期和這個動力會議來看，「田中奏摺」的執筆一定是在這個期間。而且，從前述奉天鎌田和北京戈爾曼的情報，其執筆日期更能夠縮小其範圍。

對於推測「在東方會議有類似『田中奏摺』的決議的根據」這種說法，如果它是指前面所提到「外務省亞細亞局試行方案（甲號）」而言，那麼我們就不能說它完全是虛構的推斷。但這個「試行方案」並沒有作成決議，何況以「試行方案」所說的鐵路路線與「奏摺」所詳述的鐵路路線在地圖上來比較，「奏摺」的規模遠比「試行方案」宏大，由此可知這是兩回事。因此，除非作此種主張者提出其根據，否則無法論斷。

偽造奏摺 成為抨擊日本有利工具

關於「田中奏摺」真正的撰述者是誰，有各種說法。克賴曼說是「中國共產黨的創造」，實在點「奇特」；岩淵認為「可能是滿洲或者華北的外國人寫的」，許多人以為其作者是日本人，譬如首先在北京公開「奏摺」的陳立廷和鮑明鈐之說為日人所撰寫是可以瞭解的；但松岡（洋右）更大膽地說其出自「日本駐北京公使館陸軍武官」之手。也有人說是「日本浪人」的「作品」；田中傳記的作者甚至於說是與憎恨政友會（田中為政黨政友會的總裁－譯者）的反對黨策略家有關係。此外，更有人說在關西（大阪、神戶等）方面，還有知道撰寫「奏摺」經緯的人生存。

但除非真正的作者出來承認以外，目前實只有依上述的文獻和資料來剪輯（顯現）這個「田中偽一」（田中義一和田中偽一在日語是同音－譯者）。綜上所述，我認為：有與奉天的遼寧國民外交會等團體有關係的日本留學生出身的日本通，以於一九二九年夏天在東方會議時所分發的一批資料（以五萬日圓收買？）為藍本，加上其一知半解的日本知識所湊成的排日文件，而碰巧由太平洋會議的中國代表利用於抨擊日本最好的工具便是這個「田中奏摺」。

當時，張學良手下有專門搜集日本情報的龔德柏、王芃生等非常精通日本事務之表裡的各位先生，如果能問問他們，或許能夠知道其真相也說不定。

田中在東方會議最後一天的訓示說：「對於根據有關日支關係的捏造虛構的流說亂發起排日排貨的非法運動者，自當消除其疑惑。」是不是因為田中自己的話為其埋下伏筆？自田中義一去逝以至今日，他被認為是冠上田中其名的這個傑作的偽造文件的作者，不能不說是歷史的諷刺。

（本文譯自一九六四年七月發行的「國際政治」季刊「日本外交史之諸問題Ⅰ」；作者稻生典太郎，當時是日本中央大學副教授。）

（二）從蔡智堪與「田中奏摺」談起

陳鵬仁口述

首先，我們來談談蔡智堪所寫「我怎樣取得田中奏摺」（以下簡稱蔡文）。我以為蔡智堪說的話不大可靠，其原因可能是他在事後的一種自我吹噓和邀功，因而過份渲染了事情的經過。

王家楨將蔡智堪寄來的機密文件稱為「田中奏摺」

一九二八年，王家楨擔任東北當局外交委員一職，蔡智堪是駐東京的辦事員。王家楨在一九八一年「文史資料選輯」第十一輯「日本兩機密文件中譯本的來歷」一文中指出，在一九二八年年底前後，蔡智堪由東京十幾次寄來一大批文件，並有信說明這些極機密文件，是他一位在某政黨幹事長（應為政友會幹事長）家中擔任書記的朋友抄來的。這些文件是政友會新選出來的總裁田中大將召開東方會議的部分秘密會議記錄。王家楨說由於田中後來將會議記錄整理而上奏天皇，因此，他遂將這份文件稱為「田中奏摺」。

蔡智堪親到皇室書庫抄取文件之事不實，花五千日圓辦一桌酒席之說也不可信

然而蔡智堪卻在文章說奏摺是他親自到皇宮的皇室書庫花了兩夜的時間抄來的，並且

親到東北送交王家楨。而他為取得這份文件，曾花了五千日幣開一桌酒席，請田中內閣的外相永井柳太郎等吃飯。我以為這不是事實。皇宮豈是那麼容易可以進去的，日本皇宮不過三十六萬坪大小，而從皇城進入書庫又怎可能費時一小時。又「田中奏摺」長達三、四萬字，也根本不可能花兩個晚上時間就抄得完。最離譜的是他說他的好友永井是田中內閣的外相，事實上，田中是首相自兼外相。當時日本一普通職員月入不過一百二十元日幣，五千元日幣可以買一棟房子，置一桌酒席花費五千元，也令人難以置信。

除了上述之外，蔡文中所提還有多處與日本習慣不合之處，例如日本人不奏摺為「奏章」，而稱「上奏文」，奏章是中國人的說法，所以我以為他說的不是事實。根據「田中奏摺」內容用字不合體例及與有些史實矛盾來看，「田中奏摺」應屬假造。不過，蔡智堪有他的功勞，其功勞在於他在抗日當時拿出了一個值得宣傳的東西，使政府能對日本有所打擊。這份偽造的文書，在政治上，政治宣傳上和鬥爭上有其價值，對當時對日抗爭有貢獻、有意義。故雖然是做假，但有它存在的價值。

歷史講求事實，不能做假，但蔡智堪的貢獻與愛國行為，仍應給予肯定

姑不論「田中奏摺」的真假，後來日本侵略中國的過程與流傳的「田中奏摺」類似是

事實。而站在歷史的觀點來看，歷史講求的是事實，我們可以肯定蔡智堪的愛國行為，但歷史不能做假。從王家楨的回憶及「田中奏摺」內容上的問題，我可以斷定蔡智堪說的不是實話。也因此，若要我在真假之間選擇一個答案，我以為「田中奏摺」是假的。

民國四十四年中國國民黨表揚他，是當時黨史會主任委員羅家倫先生肯定他的愛國行為。他當年做假，也是出於愛國，根據這一點，我們應該肯定他的貢獻。

（本文原載一九九一年七月號「歷史月刊」）

譯者的話

「昭和天皇回憶錄」在「台灣新生報」連載三十多天，並由台灣新生報出版單行本，相信大家都覺得非常有意義。

我深信：因為出版這本書，新生報將大大地提高其在社會上和學術上的地位，雖然報社不是學術機構。因為，到目前為止，這是日本昭和天皇唯一的「回憶錄」，是日本昭和時代最重要的第一手資料。

尤其附錄，從昭和時代到日本戰敗為止有關日本的黨、政、軍、外交方面最高負責人的名單，可能在中文中最齊全。研究現代日本問題或者中日關係的學者，都苦無完整的日方人事資料，因而常常弄錯；至於一般人，更不必說了。所以，本書將成為鑽研日本問題和中日關係史所絕不可或缺的最基本工具書。

對於「昭和天皇回憶錄」，日本的學者有各種各樣的看法和評論。絕大多數的日本人，持肯定態度，但一部分學者卻認為：昭和天皇對於太平洋戰爭特別是侵略中國的戰爭應負責任，藤原彰、粟屋憲太郎、吉田裕、山田朗著「徹底檢證昭和天皇『獨白錄』」一書皆持這種看法。

在這本書，粟屋甚至於說昭和天皇在「撒謊」。遠東國際軍事法庭的法務官西亞海軍中校主張：應該訊問昭和天皇，「田中奏摺」到底是真的還是假的，以求解決這個世紀最大的疑案（該書一二八頁）。

此外，昭和天皇的第一親信木戶幸一的日記、侍從長入江相政的日記，侍從長藤田尚德的回憶錄、侍從次長木下道雄的日記、侍從岡部長章的日記、元老牧野伸顯的日記，以及筆記「昭和天皇回憶錄」之寺崎英成的日記等等，對於瞭解「昭和天皇回憶錄」，皆極有幫助。將來或有機會介紹這些書。

關於這個時期的中日關係，我從水牛出版社和黎明書店出版過以下數書：「張作霖與日本」、「石射豬太郎回憶錄」、「近代日本外交與中國」、「中日關係史」、「日人筆下的九一八事變」、「田中義一內閣的對華外交」、「中日外交史」、「日本侵華內幕」請讀者參閱。

又，書中所用照片，皆取自我自己擁有的書刊，對於閱讀本書，應該有所幫助。

最後，我要由衷感謝連載和出版「昭和天皇回憶錄」的台灣新生報社前任社長邱勝安先生、現任社長葉建麗先生和總編輯駱明哲先生，並以此書紀念九一八事變六十周年和太平洋戰爭五十周年，冀與國人共勉。

陳鵬仁

八〇、六、三十

國家圖書館出版品預行編目資料

近代中日關係研究. 第一輯：昭和天皇回憶錄 / 寺崎英成編者 /
陳鵬仁譯著. -- 初版. -- 臺北市：
蘭臺出版社, 2021.05
冊；　公分-- (近代中日關係研究第一輯；2)
ISBN 978-986-99507-3-2(全套：精裝)
1.中日關係 2.外交史
643.1　　　　109020145

近代中日關係研究 第一輯 2

昭和天皇回憶錄

編　　者：寺崎英成
譯　　者：陳鵬仁
主　　編：沈彥伶、張加君
編　　輯：盧瑞容
美　　編：陳勁宏
校　　對：周運中
封面設計：陳勁宏
出 版 者：蘭臺出版社
地　　址：台北市中正區重慶南路1段121號8樓之14
電　　話：(02)2331-1675或(02)2331-1691
傳　　真：(02)2382-6225
E—MAIL：books5w@gmail.com或books5w@yahoo.com.tw
網路書店：http://5w.com.tw/
https://www.pcstore.com.tw/yesbooks/
https://shopee.tw/books5w
博客來網路書店、博客思網路書店
三民書局、金石堂書店
經　　銷：聯合發行股份有限公司
電　　話：(02) 2917-8022　　傳 真：(02) 2915-7212
劃撥戶名：蘭臺出版社　帳號：18995335
香港代理：香港聯合零售有限公司
電　　話：(852)2150-2100　　傳真：(852)2356-0735
出版日期：2021年5月 初版
定　　價：新臺幣12000元整（精裝，套書不零售）
ISBN：978-986-99507-3-2